시사
EJU
플랜

EJU 종합과목

모의고사 10회분

시사일본어사

시사 EJU 플랜 EJU 종합과목 모의고사 10회분

초판발행	2020년 3월 20일
1판 2쇄	2022년 8월 15일

저자	조재면
감수	사사키 타쿠, 東京国際ビジネスカレッジ神戸校
편집	김성은, 조은형, 무라야마 토시오, 박현숙, 손영은
펴낸이	엄태상
디자인	진지화
조판	김성은
콘텐츠 제작	김선웅, 김현이, 유일환
마케팅	이승욱, 왕성석, 노원준, 조성민, 이선민
경영기획	조성근, 최성훈, 정다운, 김다미, 최수진, 오희연
물류	정종진, 윤덕현, 신승진, 구윤주

펴낸곳	시사일본어사(시사북스)
주소	서울시 종로구 자하문로 300 시사빌딩
주문 및 교재 문의	1588-1582
팩스	0502-989-9592
홈페이지	www.sisabooks.com
이메일	book_japanese@sisadream.com
등록일자	1977년 12월 24일
등록번호	제 300-2014-92호

ISBN 978-89-402-9293-8 13730

머리말

일본유학시험(EJU) 종합과목은 일본 대학 진학 시 필요한 과목(문과에 해당)으로 정치, 경제, 세계사, 지리, 현대사회 등의 내용을 포함하고 있습니다. EJU 종합과목은 일본 대학 진학에 중요한 과목이지만, 일본 현지의 입시 시험(센터시험)과는 문제 형태나 내용 면에서 다른 유형을 가지고 있습니다. 따라서 EJU에 특화된 유형과 내용의 문제를 별로도 학습하는 것이 중요합니다.

하지만 시중에는 양질의 EJU 종합과목 문제가 많지 않으며, 기존의 문제집에도 범위를 벗어나거나 출제 유형과 다른 형태의 문제가 많습니다. 또한 2002년부터 시작된 EJU의 과거 기출문제도 그 양이 많지 않습니다. 무엇보다 종합과목의 경우, 일본 내 또는 해외 정세 등에 변화가 계속되고 있어 최신 데이터로 업데이트된 내용이 아니면 학습에 활용하기 어렵다는 문제점이 있습니다. 이러한 안타까운 현실과 더 많은 학생들에게 다양한 문제를 제공하겠다는 취지로 이 교재를 집필하게 되었습니다.

저자는 2007년부터 EJU 강의를 시작하여 2013년부터는 시사일본어학원에서 EJU 종합과목 전문 강사로 활발히 활동 중이며, 문제 분석과 자료 정리 등 꾸준한 연구 개발을 통해 현재까지 수많은 고득점자를 배출하고 있습니다. 이 교재는 고득점을 위해 개설된 TOPCLUB반에서 실제 사용된 문제로 구성하였으며, 종합과목의 개념서인 〈조재면의 EJU 종합과목 개정판〉과 더불어 학업 성취에 큰 도움이 될 것입니다.

또한 일본의 출판사로부터 사용 허가를 받은 최신 데이터를 사용하여 문제를 제작하였으며, 시사일본어학원 종로캠퍼스에서 EJU 종합과목을 강의하는 사사키 타쿠 선생님과 일본 내 대학 입시 교육기관으로 유명한 東京国際ビジネスカレッジ神戸校의 검수를 받아 완성도를 높였습니다.

일본 대학 진학을 희망하는 여러분께 이 문제집이 큰 도움이 되어 합격의 꿈을 이루시기 바라며, 성공적인 유학 생활을 응원하겠습니다.

저자 조재면

☑ 이 책의 구성과 특징

- 2002년부터 현재까지의 기출문제 완벽 분석!
- 기출문제와 동일한 난이도의 중요 문제 전격 공개!
- 기초부터 고득점까지 모든 학습자를 커버!
- 세계지도, 일본지도 공부법 공개!
- 2002년부터 현재까지 종합과목만을 연구하고 있는 1타 강사의 모든 노하우 공개!

✔ 학습 플랜 체크 학습 날짜, 시간, 정답 수를 기입해 봅시다.

학습한 날짜와 정답수 시간 등을 체크해 보고, 자신의 현재 상황을 점검합니다. 매회 틀린 문제나 맞았더라도 풀이 시 애매했던 사항을 정리해 실제 시험에 대비하도록 합시다.

✔ 문제 풀기 모의테스트 문제를 풀어 봅시다!

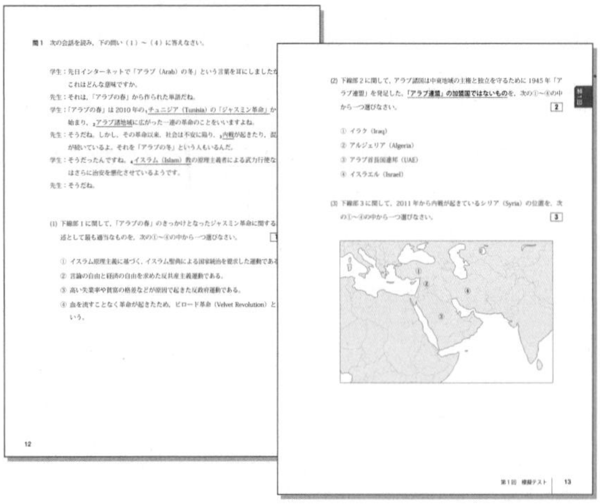

2002년부터 현재까지의 기출문제를 철저히 분석하여 기출문제와 난이도를 동일하게 맞췄습니다. 기초부터 고득점을 노리는 수험생들까지 충분히 연습할 수 있도록 모의테스트 10회분의 중요 문제만을 엄선하였고, 사사키타쿠 선생님과 일본 東京国際ビジネスカレッジ神戸校 교수진에게 감수를 받았습니다.

✔ 정답 확인 모의테스트 정답을 확인해 봅시다!

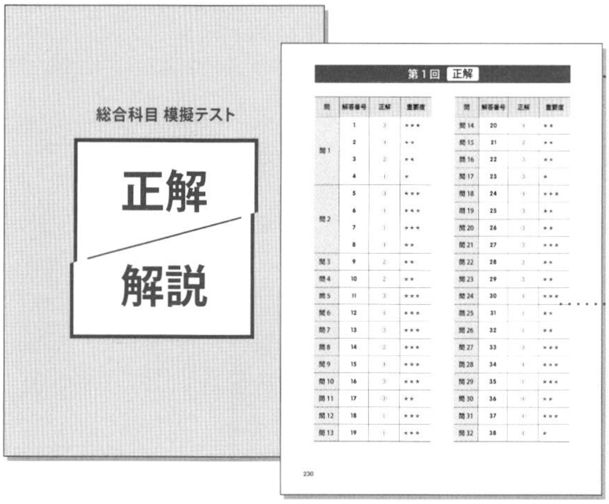

정답을 확인하면서 중요도를 체크하고, 빈출도가 높은 문제는 반드시 체크하고 넘어갑시다!

★★★ 빈출도 높음
★★ 빈출도 중간
★ 빈출도는 낮지만 중요한 문제

✔ 해설 확인 해설 및 중요 키워드를 체크합시다!

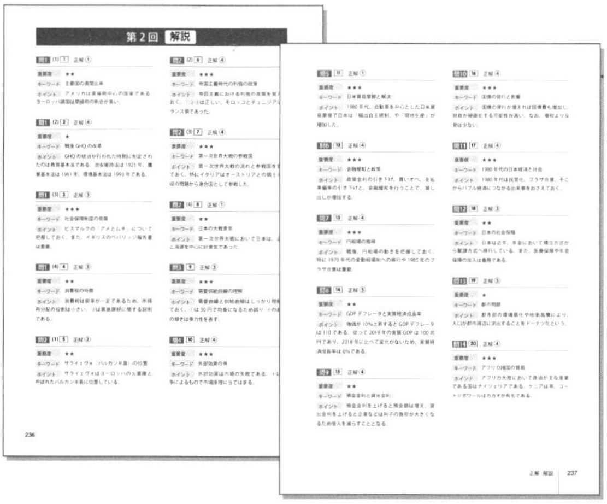

해설을 꼼꼼히 보면서 어떤 내용을 잘못 알고 있었는지 확인하고 중요 키워드를 꼭 체크합시다. 중요 키워드를 체크하는 것만으로 만점에 가까워집니다.

✔ 부록 세계지도와 일본지도

EJU 종합과목 1타강사인 저자의 세계지도와 일본지도 활용법 대공개!
시사일본어사 공식 카페(https://cafe.naver.com/japan1st)에서 동영상 확인

시사일본어사 공식 카페 접속 ➡ 회원가입 후 로그인 ➡ EJU 자료실 클릭 ➡ 조재면의 지도 활용법 클릭

시사인강 일본어

시사일본어학원 오프라인 전타임 마감신화! 이제 온라인에서 만난다!

무료 동영상

종합과목 잘하는 비결은 세계를 한눈에 보는 법!
세계지도, 일본지도 활용법을 무료 동영상으로 만나 보세요.

카페 바로가기

★ 시사일본어사 공식 카페(https://cafe.naver.com/japan1st)에서 확인하실 수 있습니다.

유료 동영상

조재면 선생님의 화제의 베스트셀러
〈조재면의 EJU 종합과목 개정판〉 유료 동영상 강의
여러분의 부족한 종합과목 학습을 합격까지 이끌어 줍니다!

- ✔ 최신 기출 완벽 반영!
- ✔ 합격 노하우 완벽 전수!
- ✔ 쉽고, 빠르게 이해하는 강의!
- ✔ 목표는 오로지 합격!

★ 시사인강 일본어 : online.japansisa.com
★ 인터넷 검색창에서 '시사인강' 또는 '시사인강일본어'로 검색해주세요.

차 례

EJU 시험 정보

일본유학시험 실시 목적

외국인 유학생으로 일본의 대학(학부) 등에 입학을 희망하는 사람의 일본어 능력 및 기초 학력 평가를 목적으로 합니다.

과목 구성

수험자는 지원 대학 등이 지정한 과목에 근거하여, 아래의 과목 중에서 선택하여 응시합니다. 단, 이과와 종합과목을 동시에 선택할 수 없습니다.

과 목	목적	해답 시간	득점 범위
일본어 과목	일본의 대학 등에서 면학할 수 있는 일본어 능력(아카데믹 재패니즈)을 측정	125분	[독해], [청독해/청해] 0~400점
			[기술(記述)] 0~50점
이과	일본 대학 등의 자연계 학부에서 면학에 필요한 이과(물리 · 화학 · 생물)의 기초적인 학력을 측정	80분	0~200점
종합 과목	일본의 대학 등에서 면학에 필요한 인문계의 기초적인 학력, 특히 사고력, 논리적 능력을 측정	80분	0~200점
수학	일본 대학 등에서의 면학에 필요한 수학의 기초적인 학력을 측정	80분	0~200점

※ 위의 각 과목은 공통의 척도에 의거하여 채점됩니다. (득점등화[得点等化] 방식) (일본어 과목의 기술 영역은 제외)

[일본어 과목] 구성

❶ 구성	[기술(記述)], [독해], [청독해/청해]의 3영역으로 구성됩니다.
❷ 순서/시간	기술(記述)(30분) ➞ 독해(40분) ➞ 청독해 ➞ 청해(청독해와 청해가 연속으로 약 55분간 실시)의 순서로 실시됩니다.
❸ 득점범위	[기술(記述)]은 0~50점의 범위로 별도로 표시되며, [독해] 0~200점, [청독해/청해] 0~200점으로 합계 0~400점으로 표시됩니다.

[이과] 구성

이과에는 물리 · 화학 · 생물 3과목이 있습니다.
수험자는 지원 대학에서 지정하고 있는 바에 근거하여, 시험당일 답안지 상에 3과목 중에서 2과목을 선택해야 합니다.

[종합과목] 구성

정치·경제·사회를 중심으로 하여 지리와 역사에서 종합적으로 출제됩니다. 유학생이 일본의 대학 등에서 면학에 필요한 현대 일본의 기초지식을 가지고, 근현대 국제사회의 기본적인 문제에 대해 논리적으로 사고하고 판단하는 능력이 있는지를 측정합니다.

[수학] 구성

수학에는 코스 1(인문계 학부 및 수학의 필요성이 비교적 적은 자연계 학부용), 코스 2(수학을 고도로 필요로 하는 학부용)의 2종류가 있습니다. 수험자는 수험 희망 대학의 지정에 근거하여, 시험 당일 답안지 상에 둘 중 한 가지를 선택해야 합니다.

출제 언어

일본유학시험은 2개 언어(일본어 및 영어)로 문제가 출제됩니다(일본어 과목은 일본어로만 출제됨). 또한 문제지는 일본어와 영어가 각각 다른 용지이므로, 수험자는 지원 대학에서 지정한 언어에 근거하여, 원서작성 시 원서 상에 둘 중 한 가지를 선택하여 표기해야 합니다.

답안지 종류

일본어 과목의 답안지는 〈객관식〉 및 〈서술식〉 2종류이며, **이과, 종합과목, 수학은 모두 〈객관식〉 답안지에 답안 작성을 하도록 되어 있습니다.**

※ 〈객관식〉 : 다지선다형 마크시트 방식 / 〈서술식〉 : 문장을 직접 작성하는 방식

시험 시간 / 해답 시간 / 지각 한도

시험 시간: 시험 관련 제반 사항 안내, 문제지 및 답안지 배부, 문제 풀이 및 해답 시간을 모두 포함합니다.
해답 시간: 순수하게 문제 풀이 및 해답 작성에만 주어지는 시간입니다.
지각 한도: 이 시간부터는 고사실 입실이 금지되므로, 수험자는 이 점에 주의해야 합니다.

교시	과목	시험 시간	해답 시간	지각 한도
1교시 (오전)	일본어 과목	9:30～12:00 경	9:55～12:00 경 (약125분)	9:40
2교시 (오후)	이과 (이과)	1:30～3:00	1:40～3:00 (80분)	1:50
	종합과목(문과)			
3교시 (오후)	수학	3:40～5:10	3:50～5:10 (80분)	4:00

※ 이과, 종합과목, 수학과목은 지각한도 시간 10분 전부터 해답이 개시되므로, 수험자는 반드시 시험시간(1:30, 3:40)까지 입실을 완료해야 합니다.

학습 플랜

순서	학습일 / 정답 수	시험 시간과 체크 포인트
第 1 回 模擬テスト	월 일 / 38	시작 시간 : 시 분 ／ 종료 시간 : 시 분 * 체크 포인트 :
第 2 回 模擬テスト	월 일 / 38	시작 시간 : 시 분 ／ 종료 시간 : 시 분 * 체크 포인트 :
第 3 回 模擬テスト	월 일 / 38	시작 시간 : 시 분 ／ 종료 시간 : 시 분 * 체크 포인트 :
第 4 回 模擬テスト	월 일 / 38	시작 시간 : 시 분 ／ 종료 시간 : 시 분 * 체크 포인트 :
第 5 回 模擬テスト	월 일 / 38	시작 시간 : 시 분 ／ 종료 시간 : 시 분 * 체크 포인트 :
第 6 回 模擬テスト	월 일 / 38	시작 시간 : 시 분 ／ 종료 시간 : 시 분 * 체크 포인트 :
第 7 回 模擬テスト	월 일 / 38	시작 시간 : 시 분 ／ 종료 시간 : 시 분 * 체크 포인트 :
第 8 回 模擬テスト	월 일 / 38	시작 시간 : 시 분 ／ 종료 시간 : 시 분 * 체크 포인트 :
第 9 回 模擬テスト	월 일 / 38	시작 시간 : 시 분 ／ 종료 시간 : 시 분 * 체크 포인트 :
第 10 回 模擬テスト	월 일 / 38	시작 시간 : 시 분 ／ 종료 시간 : 시 분 * 체크 포인트 :

第 1 回

模擬テスト

総合科目
(80分)

問1 次の会話を読み，下の問い（1）～（4）に答えなさい。

学生：先日インターネットで「アラブ（Arab）の冬」という言葉を耳にしましたが，これはどんな意味ですか。

先生：それは，「アラブの春」から作られた単語だね。

学生：「アラブの春」は2010年の1チュニジア（Tunisia）の「ジャスミン革命」から始まり，2アラブ諸地域に広がった一連の革命のことをいいますよね。

先生：そうだね。しかし，その革命以来，社会は不安に陥り，3内戦が起きたり，混乱が続いているよ。それを「アラブの冬」という人もいるんだ。

学生：そうだったんですね。4イスラム（Islam）教の原理主義者による武力行使などはさらに治安を悪化させているようです。

先生：そうだね。

(1) 下線部1に関して，「アラブの春」のきっかけとなったジャスミン革命に関する記述として最も適当なものを，次の①～④の中から一つ選びなさい。 **1**

① イスラム原理主義に基づく，イスラム聖典による国家統治を要求した運動である。

② 言論の自由と経済の自由を求めた反共産主義運動である。

③ 高い失業率や貧富の格差などが原因で起きた反政府運動である。

④ 血を流すことなく革命が起きたため，ビロード革命（Velvet Revolution）ともいう。

(2) 下線部２に関して，アラブ諸国は中東地域の主権と独立を守るために 1945 年「アラブ連盟」を発足した。**「アラブ連盟」の加盟国ではないもの**を，次の①～④の中から一つ選びなさい。 **2**

① イラク（Iraq）

② アルジェリア（Algeria）

③ アラブ首長国連邦（UAE）

④ イスラエル（Israel）

(3) 下線部３に関して，2011 年から内戦が起きているシリア（Syria）の位置を，次の①～④の中から一つ選びなさい。 **3**

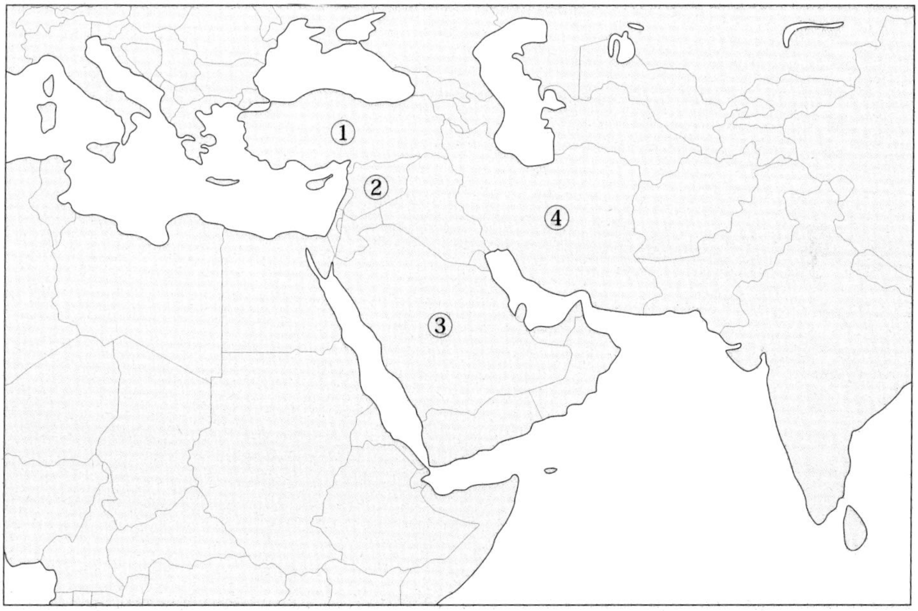

(4) 下線部 4 に関して，次の文章の［ a ］，［ b ］に入る語の組み合わせとして適当なものを，次の①～④の中から一つ選びなさい。 **4**

イスラム教の聖典としてムスリムが従うのは［ a ］である。これはムハンマド（Muhammad）が最後の預言者として語った内容が，編集され，書籍となったものである。また，イスラム教にはいくつかの派があるが，サウジアラビア（Saudi Arabia）などを含め，最大の勢力を有する宗派は［ b ］である。

	a	b
①	クルアーン（コーラン）	スンニ派
②	クルアーン（コーラン）	シーア派
③	旧約聖書	スンニ派
④	旧約聖書	シーア派

注）クルアーン（Quran）
スンニ派（Sunni Islam）
シーア派（Shia Islam）

問2 次の文章を読み，下の問い（1）～（4）に答えなさい。

「岩倉使節団」とは，1871 年に日本から欧米に派遣された使節団である。留学生 43 名を含む総勢 107 名が₁横浜を出発し，₂サンフランシスコ（San Francisco）に向かった。岩倉具視を中心とした彼らは，南北戦争が終わり大陸横断鉄道を建設したアメリカ（USA）から，₃敗戦後第 3 共和国が成立したフランス（France），統一を達成したドイツ（Germany）など 12 か国を視察し，₄スエズ運河（Suez Canal）と東南アジアを回って 1 年 10 か月ぶりに帰国した。

(1) 下線部 1 に関して，この時代，日米修好通商条約などにより，横浜を含む 5 港が開港され，海外との貿易が本格化した。開港直後の 1865 年における日本全体の主要輸出品として最も適当なものを，次の①～④の中から一つ選びなさい。 **5**

① 綿織物

② 毛織物

③ 生糸

④ 武器

(2) 下線部 2 に関して，サンフランシスコの位置と時間に関する記述として適当なものを，次の①～④の中から一つ選びなさい。（ただし，サンフランシスコは西経 120 度を標準時として使用している。また，サマータイムは考慮しない） **6**

① サンフランシスコが夜 10 時の場合，東京は同じ日の午前 3 時である。

② サンフランシスコは方位から見て東京の真東にある。

③ サンフランシスコは西経 75 度を標準時とするニューヨーク（NewYork）より 4 時間遅れている。

④ サンフランシスコはアメリカ大陸の西岸にある。

(3) 下線部３に関して，フランスのナポレオン３世（Napoleon Ⅲ）が敗戦し，失脚する原因となった戦争は何か。適当なものを次の①～④の中から一つ選びなさい。 **7**

① 普仏戦争（Franco-Prussian War）

② 第一次世界大戦（WWI）

③ クリミア戦争（Crimean War）

④ ワーテルローの戦い（Battle of Waterloo）

(4) 下線部４に関して，次の文中の空欄 a ， b に入る語の組み合わせとして適当なものを，次の①～④の中から一つ選びなさい。 **8**

1869 年開通したスエズ運河は a と b を結び，
世界で初めて海と海をつなぐ運河であった。

	a	b
①	黒海	バルト海
②	黒海	紅海
③	地中海	バルト海
④	地中海	紅海

注）黒海（Black Sea），地中海（Mediterranean Sea）
　　バルト海（Baltic Sea），紅海（Red Sea）

問３ 完全競争市場と寡占市場においてみられる特徴として**正しくないもの**を，次の①～④の中から一つ選びなさい。 **9**

① 完全競争市場では買い手，売り手が多数存在する。

② 完全競争市場では競争が激しいため，企業が自由に参入・退出しにくい。

③ 寡占市場では，プライスリーダーによる管理価格が発生することが多い。

④ 寡占市場では，供給が超過した場合でも価格が下がらない傾向がある。

問4 雇用者の報酬や企業所得，財産所得など，生産活動に投入された生産要素に対して支給される所得の面から見た国民所得を何というか，正しいものを次の①～④の中から一つ選びなさい。 **10**

① 生産国民所得

② 分配国民所得

③ 支給国民所得

④ 支出国民所得

問5 1944年，アメリカのニューハンプシャー州（State of New Hampshire）に連合国44カ国が集まり，大戦後の国際通貨制度を決めた。これをブレトンウッズ協定（Bretton Woods Agreements）という。これに関する記述として最も適当なものを，次の①～④の中から一つ選びなさい。 **11**

① アメリカのドルを基軸通貨とし，アメリカ政府の裁量でドルの供給が行われるようになった。

② 貿易を活性化するため，金を利用し貿易を行うことが定められた。

③ 世界の通貨制度の安定と維持のため，国際通貨基金（IMF）が設立された。

④ ブレトンウッズ協定における取り決めは1976年のキングストン合意（Kingston Agreement）まで続いた。

問 6　次の図は，ある商品Ａの需要曲線を示したものである。需要曲線が矢印の方向へ移動する原因として最も適当なものを，次の①～④の中から一つ選びなさい。　**12**

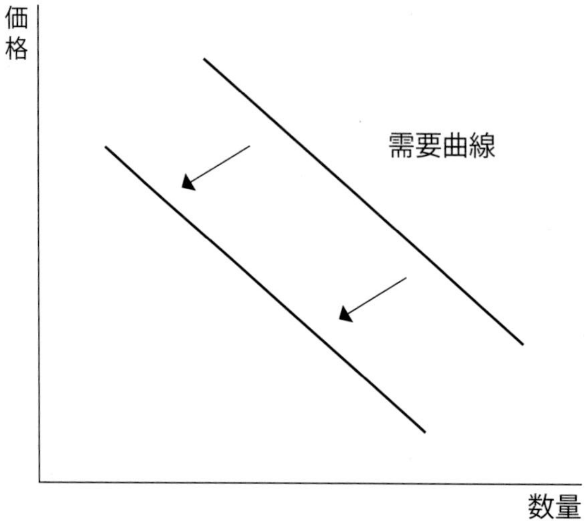

① 商品Ａの代替材の価格が高くなった。

② 商品Ａの生産者の機械稼働率が低下した。

③ 商品Ａの生産者に対する国家からの補助金が増加した。

④ 商品Ａの市場での人気が低下した。

問7 次の図はJ.Mケインズ（John Maynard Keynes）の理論を簡単に表したものである。［a］～［c］に入る語の組み合わせとして正しいものを，次の①～④の中から一つ選びなさい。 **13**

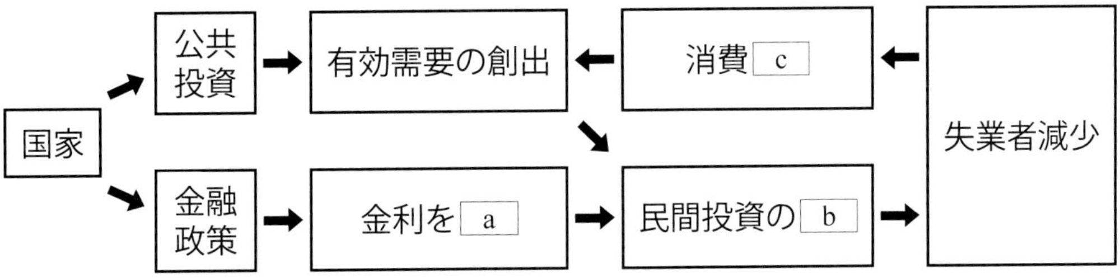

	a	b	c
①	上げる	縮小	増大
②	上げる	拡大	減少
③	下げる	拡大	増大
④	下げる	縮小	減少

問 8 次の表は，2020 年の日本，アメリカ，シンガポール（Singapore），オランダ（Netherlands）の貿易依存度を示している。オランダに当てはまるものを，次の①～④の中から一つ選びなさい。 **14**

	貿易依存度（%）	
	輸出	輸入
a	106.9	96.9
b	60.4	53.1
c	13.9	14.2
d	6.8	11.1

主）日本は 2019 年。

『データブック・オブ・ザ・ワールド 2022』より作成

① a

② b

③ c

④ d

問9 次の文章の[a]，[b]に入る語の組み合わせとして適当なものを，次の①～④の中から一つ選びなさい。 **15**

国民所得は，1年間に経済が循環する過程で新たに生み出された[a]の総額である。[b]は農業・製造業・商業など国内各産業部門の総生産額から原材料・燃料など中間生産物の価額を差し引いたものである。

	a	b
①	可処分所得	国内総生産（GDP）
②	可処分所得	国内純生産（NDP）
③	付加価値	国内純生産（NDP）
④	付加価値	国内総生産（GDP）

問10 主な経済学者に関する説明として最も適当なものを，次の①～④の中から一つ選びなさい。 **16**

① シュンペーター（Joseph Alois Schumpeter）は剰余価値説などを唱え，資本主義を批判した。

② リカード（David Ricardo）は開発途上国の工業化を図るためには，自国の幼稚産業を政府が保護するべきだと主張した。

③ マルサス（Thomas Robert Malthus）は，人口は幾何級数的に増加するため，人口増加は食糧供給の増加を上回ると主張した。

④ フリードマン（Milton Friedman）は積極的な財政政策こそが世界大恐慌の克服につながると説いた。

問 11 日本の企業に関する記述として最も適当なものを，次の①～④の中から一つ選びなさい。 **17**

① 日本の企業は大企業と中小企業に分かれるが，それを区分する法律はない。

② 日本では技術力をもった中小企業が多いため，中小企業でも大企業と比べて従業員の賃金はほとんど差がない。

③ 日本の中小企業は資金調達において，銀行から借り入れる間接金融によることが多い。

④ 1990 年代に，持株会社の設立が禁止され，中小企業が大企業に組み込まれることはなくなった。

問 12 景気変動における好景気の時期に関する記述として最も適当なものを，次の①～④の中から一つ選びなさい。 **18**

① 企業の設備投資が増加する。

② 企業間の値下げ競争が激しくなる。

③ 労働組合によるストライキが急増する。

④ 工場を海外に移転する。

問 13 地図投影法の説明として**正しくないもの**を，次の①～④の中から一つ選びなさい。 **19**

① メルカトル図法において任意の２点間を結ぶ直線は地球上での最短距離となる。

② メルカトル図法において経線と緯線は常に直交している。

③ 正距方位図法において中心から任意の点を結ぶ直線を大圏コースという。

④ 正距方位図法は距離や方位は正しいが，面積や角度は正しく表示されていない。

問 14 世界の農業に関する文 A と B を読み，その正誤の組み合わせとして正しいものを，次の①～④の中から一つ選びなさい。 **20**

A：東アジア諸国では，多くの労働力を投下するため，労働生産性が高い。

B：アメリカ合衆国やカナダ（Canada）などの新大陸諸国では単位面積当たりの収穫量が多い。

	A	B
①	正	誤
②	正	正
③	誤	正
④	誤	誤

問 15 次の表は 2019 年における日本・中国・アメリカ・アルゼンチン（Argentina）・イギリスの国内総生産（GDP）および産業別国内総生産の割合を表している。A ～ D に当てはまる国名の組み合わせを，次の①～④の中から一つ選びなさい。 **21**

2019	GDP(億ドル)	1 次(%)	2 次(%)	3 次(%)
A	214,332	1	18	81
B	50,649	1	29	70
C	142,799	7	39	54
D	4,454	6	23	71
イギリス（UK）	28,308	1	18	82

主）日本の産業別国内総生産の割合は 2018 年。

『データブック・オブ・ザ・ワールド 2022』より作成

	A	B	C	D
①	日本	中国	アルゼンチン	アメリカ
②	アメリカ	日本	中国	アルゼンチン
③	日本	中国	アメリカ	アルゼンチン
④	アメリカ	中国	日本	アルゼンチン

問 16 ヨーロッパ連合（EU）の加盟国はいくつかの国を除いて，共通通貨ユーロ（EURO）を使用しているが，**現在ユーロを使用していない国**を，図の①～④の中から一つ選びなさい。 **22**

問 17 工業において生産者はなるべくコストを低くすることを考え，それに合わせて工場を立地する。工業立地のタイプとその例の組み合わせとして**正しくないもの**を，次の①～④の中から一つ選びなさい。 **23**

	工業立地のタイプ	例
①	原料指向型	パルプ
②	労働力指向型	繊維
③	市場指向型	鉄鋼
④	臨海指向型	造船

問 18 次の中で古期造山帯に**該当しないもの**を，次の①～④の中から一つ選びなさい。 **24**

① アパラチア山脈（Appalachian Mountains）

② グレートディヴァイディング山脈（Great Dividing Range）

③ ドラケンスバーグ山脈（Drakensberg）

④ ロッキー山脈（Rocky Mountains）

問 19 次の表は日本・オーストラリア（Australia）・アルジェリア（Algeria）・ブラジル（Brazil）における土地面積に対する森林の面積や森林の比率を表している。A～Dに当てはまる国名の組み合わせとして正しいものを，次の①～④の中から一つ選びなさい。 **25**

	森林の面積（万 ha）	土地面積に対する森林の比率（%）
A	2,494	68.4
B	49,905	59.7
C	13,401	17.4
D	193	0.8

『データブック・オブ・ザ・ワールド 2022』より作成

	A	B	C	D
①	日本	オーストラリア	アルジェリア	ブラジル
②	ブラジル	オーストラリア	日本	アルジェリア
③	日本	ブラジル	オーストラリア	アルジェリア
④	ブラジル	日本	オーストラリア	アルジェリア

問 20 選挙における政治資金の提供などを通して，ある特定の社会的利益の実現を目指す集団を何というか，次の①～④の中から一つ選びなさい。 **26**

① 政党

② 社会的企業

③ 圧力団体

④ 地方公共団体

問 21 被告人とは，刑事裁判において犯罪の嫌疑を受けて起訴された者をいう。被告人は人身の自由に基づき，いくつかの権利が与えられているが，**該当しない権利**を，次の①～④の中から一つ選びなさい。 **27**

① 法定手続きの保障

② 黙秘権

③ 再審の請求

④ 無罪推定の原則

問 22 日本の国会に関する記述として最も適当なものを，次の①～④の中から一つ選びなさい。 **28**

① 通常国会は，毎年 1 回，4 月に召集され，主な議題として新年度の予算審議を扱う。

② 臨時国会は，衆議院の解散宣言を目的とし，内閣総理大臣の要求によって開催される。

③ 特別国会は，衆議院解散後の総選挙から 30 日以内に実施される国会である。

④ 国会の会期中に成立されなかった法律案は，自動的に次回の会期で継続審議される。

問23 1776年に発表されたアメリカ独立宣言（United States Declaration of Independence）に含まれている内容として**適当ではないもの**を，次の①～④の中から一つ選びなさい。

29

① 幸福を求める権利

② 譲り渡すことのできない自然権

③ 人は平等であることと，肌の色による差別の不当性

④ 被治者の同意による政府の権力の妥当性

問24 国際連合に関する記述として最も適当なものを，次の①～④の中から一つ選びなさい。

30

① 国際連合は意思決定において総会では多数決，安全保障理事会では全会一致を採用している。

② 安全保障理事会の15の理事国は，第二次世界大戦（WWII）の戦勝国で構成される。

③ 国際司法裁判所は国家間の紛争のみならず，人道上の罪に問われた個人を対象にする裁判も行う。

④ 国際連合教育科学文化機関（UNESCO）などの専門機関は経済社会理事会と連携している。

問 25 次の文章はアメリカのトルーマン大統領（Truman, Harry Shippe）の外交方針である。空欄 a ， b に当てはまる国の組み合わせとして適当なものを，次の①～④の中から一つ選びなさい。 **31**

トルーマン大統領は共産主義が広がることを懸念した。特に a が共産主義になった場合にその隣国の b にも影響を及ぼすと思ったのである。そうすると，中東地域へまで共産主義が広がるため，トルーマン大統領は a と b とへ経済・軍事的支援を行うことにした。

	a	b
①	ギリシア	トルコ
②	イラク	トルコ
③	ベトナム	タイ
④	ベトナム	カンボジア

注）ギリシア（Greece）
トルコ（Turkey）
タイ（Thailand）
ベトナム（Vietnam）
カンボジア（Cambodia）

問 26 次の文章中の空欄 a ， b に当てはまる語の組み合わせとして適当なものを，次の①～④の中から一つ選びなさい。 **32**

イラク（Iraq）のクウェート（Kuwait）侵攻を契機とする a で，日本に「人的な国際貢献」を要求する国際世論が高まり，その結果 1992 年に制定されたのが PKO 協力法である。主な活動は，海外に自衛隊を派遣し，国連の平和維持活動に協力することなどである。最初の派遣先はカンボジアであり， b 首相の時に公布された。

	a	b
①	湾岸戦争	宮沢喜一
②	イラク戦争	宮沢喜一
③	湾岸戦争	佐藤栄作
④	イラク戦争	佐藤栄作

注）湾岸戦争（Gulf War）

問 27 第二次世界大戦後，連合国軍最高司令官総司令部（GHQ）による改革について**正しくないもの**を，次の①～④の中から一つ選びなさい。 **33**

① 独占禁止法が制定され，カルテルやトラストなどが禁止された。

② 所有地に居住しない不在地主の土地所有をなくし，多くの小作農が自作農になった。

③ 25 歳以上の男子に選挙権が与えられ，普通選挙が実施された。

④ 政府による教育への不当な介入を否定し，教育基本法が制定された。

問 28 19 世紀におけるアメリカの領土拡大に関する記述として**正しくないもの**を，次の①～④の中から一つ選びなさい。 **34**

① フランスからミシシッピ川（Mississippi river）以西のルイジアナを買収して領土を倍増させた。

② スペインから東南部のフロリダ（Florida）を買収した。

③ メキシコと戦い，カリフォルニア（California）地域を獲得して太平洋岸まで領土を拡大した。

④「明白な天命」を唱え，イギリスから独立したテキサス共和国（Republic of Texas）を武力で併合した。

問 29 ドイツ帝国（German Empire）のヴィルヘルム２世（Wilhelm II）と**関係のない事柄**を，次の①～④の中から一つ選びなさい。 **35**

① ビスマルク（Otto von Bismarck）の宰相登用

②「３B 政策」の開始

③ 社会主義者鎮圧法の延長拒否

④ 第一次世界大戦での敗北

問30 現代における環境に関する動きA～Dを年代順に並べたものとして正しいものを，次の①～④の中から一つ選びなさい。 **36**

A：環境基本法の制定
B：京都議定書の発効
C：国連環境開発会議（地球サミット）
D：公害対策基本法の制定

① B→D→A→C
② B→A→D→C
③ D→A→C→B
④ D→C→A→B

問31 冷戦時代における日本社会に関する記述として最も適当なものを，次の①～④の中から一つ選びなさい。 **37**

① サンフランシスコ平和条約（Treaty of San Francisco）締結にもかかわらずアメリカの支配が終わらなかったため，1960年に安保闘争が引き起こされた。
② サンフランシスコ講和会議では自由主義国家だけではなく，ソ連を含む共産主義国家とも平和条約を結んだ。
③ 1955年日本は日中共同宣言を発表し，中国との経済協力に踏み出した。
④ 日本は国際連合の設立当初には参加できず，1950年代の半ばになって参加した。

問 32 次の中でケネディ大統領（John Fitzgerald Kennedy）が発表した「消費者の四つの権利」に**含まれないもの**を，次の①～④の中から一つ選びなさい。 **38**

① 安全の権利

② 知らされる権利

③ 意見を聞いてもらう権利

④ 補償を受ける権利

第2回

模擬テスト

総合科目
(80分)

問1　次の会話を読み，下の問い（1）～（4）に答えなさい。

学生：日本はもともと税制が[1]直接税中心だったようですね。

先生：うん。戦後[2]GHQ 統治時代の改革により直接税の比率が高められたんだ。

学生：でも，消費税は 1989 年に導入されてからだんだん税率が上がっていますね。

先生：そうだね。それは国の財政が厳しくなっているからだよ。

学生：それだけ財政支出が増えて赤字になっている，ということですか。

先生：うん。少子高齢化などで[3]社会保険をはじめとする社会保障の支出が多くなってしまったからね。

学生：それでなぜ消費税を上げるのですか。所得税もあるし，法人税もあるのに。

先生：それは他国と比べて日本の消費税の税率が低いという理由があるね。例えばデンマーク（Denmark）は 25％だよ。また，[4]消費税には他の税金と異なる特徴もあるしね。

学生：そうですか。

(1)　下線部 1 に関して，2019 年時点の税制において，間接税に比べ直接税の比率が最も高い国家はどこか。次の①～④の中から一つ選びなさい。（ただし，国税と地方税を合わせたものとする）　**1**

① アメリカ（USA）

② フランス（France）

③ イギリス（UK）

④ ドイツ（Germany）

(2) 下線部２に関して，GHQ 統治時代の改革として最も適当なものを，次の①～④の中から一つ選びなさい。 **2**

① 農業基本法を制定し，生産性や従事者の生活水準について，農業と他の産業の間に生じる格差をなくそうとした。

② 治安維持法を制定し，思想と良心の自由が尊重されることになった。

③ 環境基本法を制定し，環境問題に対する対策の根幹を定めた。

④ 教育基本法を制定し，教育の機会均等・義務教育・男女共学などについて規定した。

(3) 下線部３に関連し，次の文章の［ a ］，［ b ］に入る語の組み合わせとして適当なものを，次の①～④の中から一つ選びなさい。 **3**

世界で最初の社会保険制度は［ a ］で確立した。当時イギリス等に比べ産業の発展が遅れていた［ a ］は，労働運動を抑制するため，社会主義者鎮圧法を制定した。その一方，福祉向上のため，疾病保険・災害保険などを設けたのである。

第二次世界大戦（WWII）中には戦後の混乱を回避するため，イギリスでは第二次世界大戦中に出された［ b ］に基づいて社会保険などの制度が整えられ，世界各国に影響を与えた。

	a	b
①	アメリカ	ベバリッジ報告
②	アメリカ	社会保障法
③	ドイツ	ベバリッジ報告
④	ドイツ	社会保障法

注）ベバリッジ報告（Beveridge Report）
社会保障法（Social Security Act）

(4) 下線部 4 に関して，消費税が持つ他の税と異なる特徴として**適当ではないもの**を，次の①～④の中から一つ選びなさい。 **4**

① 税収が景気や人口構成の変化に左右されにくい。

② 特定の世代に負担が集中することなく，民間の経済活動に中立的である。

③ 商品の価格によって負担額が変わるので所得再分配の役割を持っている。

④ 財源の調達力が高く安定している。

問2 次の文章を読み，下の問い（1）～（4）に答えなさい。

1914年6月，1 サライェヴォ（Sarajevo）で起きた暗殺事件により 2 帝国主義諸国間の戦争が勃発した。第一次世界大戦（WWI）である。ドイツを中心とする同盟国側と，イギリスを中心とする協商国（連合国）側に分かれて戦った。オスマン帝国（Ottoman Empire）とブルガリア（Bulgaria）が同盟国側で参戦し，三国同盟から離れた［ a ］と，さらに大戦後期に［ b ］が連合国に加わり，大規模な戦争に発展した。3 日本は日英同盟を理由に協商国側に参加した。

(1) 下線部1に関して，サライェヴォの位置を地図の①～④の中から一つ選びなさい。

5

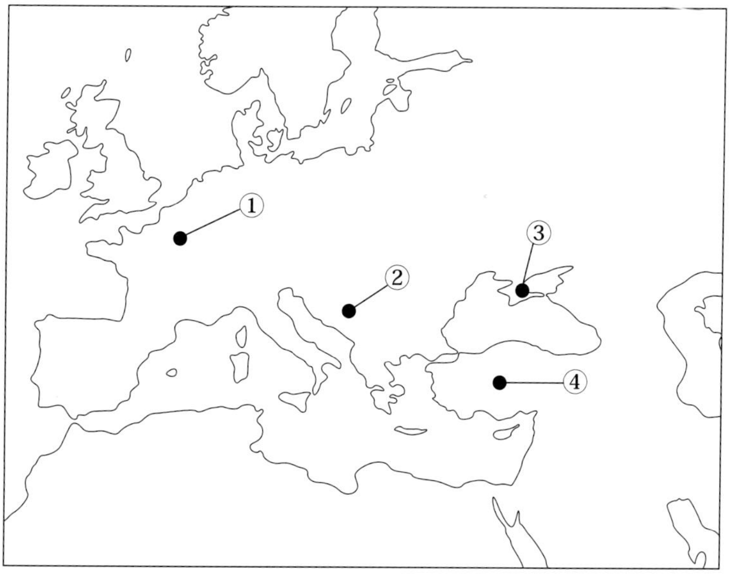

(2) 下線部２に関して，当時の帝国主義諸国の動きに関する記述として**正しくないもの**を，次の①～④の中から一つ選びなさい。 **6**

① フランスはアフリカ大陸においてアルジェリア（Algeria）からマダガスカル島（Madagascar）まで繋ごうとする横断政策を進めていた。

② イギリスは南アフリカ地域で金鉱地帯の領有をめぐり，オランダ（Netherlands）系のボーア（Boer）人と戦った。

③ アメリカのマッキンリー大統領（William McKinley）はスペイン（Spain）と戦い，その結果フィリピン（Philippines）を獲得した。

④ ドイツはベルリン会議を通じて北アフリカのモロッコ（Morocco）やチュニジア（Tunisia）を手に入れた。

(3) 上の文章中の空欄 a ， b に当てはまる国の組み合わせとして適当なものを，次の①～④の中から一つ選びなさい。 **7**

	a	b
①	オーストリア（Austria）	アメリカ
②	イタリア（Italy）	ロシア（Russia）
③	オーストリア	ロシア
④	イタリア	アメリカ

(4) 下線部３に関して，第一次世界大戦期における日本の経済について最も適当なものを，次の①～④の中から一つ選びなさい。 **8**

① アジア市場を独占し，輸出が輸入を超過するなど好景気の時期であった。

② 大阪に紡績会社を建て，綿糸・綿織物の国産化を図った。

③ 品不足や食糧難，鉱工業生産額の落ち込みが深刻化し，インフレ状態が続いた。

④ 連合国の基地として需要が増加し，デフレ脱却につながった。

問3 次の図はある商品Xについて，価格と需要・供給の関係を表したものである。次の記述の中で最も適当なものを，次の①～④の中から一つ選びなさい。 **9**

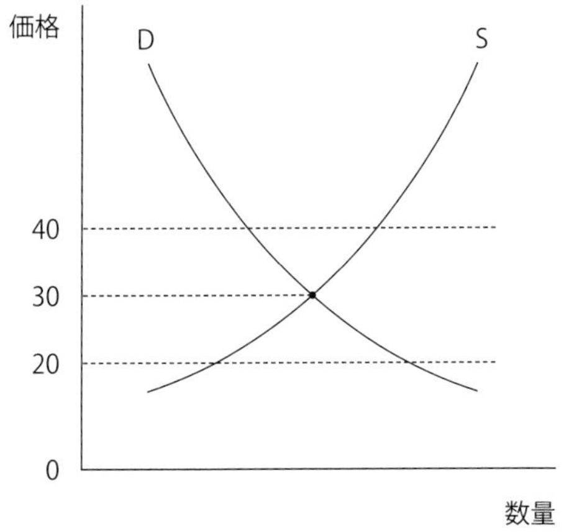

① 商品Xの価格が現在40円だとすると商品Xは売れ残るので価格は下落していき，20円になったところで均衡する。

② 商品Xは寡占状態であり，供給が増えても価格は下落しない下方硬直性がみられる。

③ 価格を30円よりも低く設定すると，商品Xは超過需要になるので，価格は上昇していく。

④ 商品Xの生産量が増えると，供給曲線は傾きが急になる。

問4 ある経済主体の活動が市場を通さないで他の経済主体に影響を与えることを外部効果というが，その例として**正しくないもの**を，次の①～④の中から一つ選びなさい。

10

① 駅が新しくできることで，近隣の商店街の売り上げが伸びる場合

② 農家が稲作を行うことによって，自然環境の保全に寄与する場合

③ 養蜂業者が飼育する蜂によって，付近の果樹園の生産量が増大する場合

④ 同業店舗間の競争により，消費者が安い値段で商品を入手できる場合

問5　1980年代は自動車産業などを含め，日米貿易摩擦が激しい時代であった。その問題を解決するための日本の取り組みとして適当なものを，次の①～④の中から一つ選びなさい。 **11**

① 輸出自主規制や現地生産の実施

② アメリカからの農産物輸入の完全自由化

③ プラザ合意（Praza Accord）に基づく「円安」是正

④ ウルグアイ・ラウンド（Uruguay Round）による非関税障壁の撤廃

問6　次の図は，金融緩和のために行う中央銀行の政策を表している。図中の a ～ c に入る言葉の組み合わせとして最も適当なものを，次の①～④の中から一つ選びなさい。 **12**

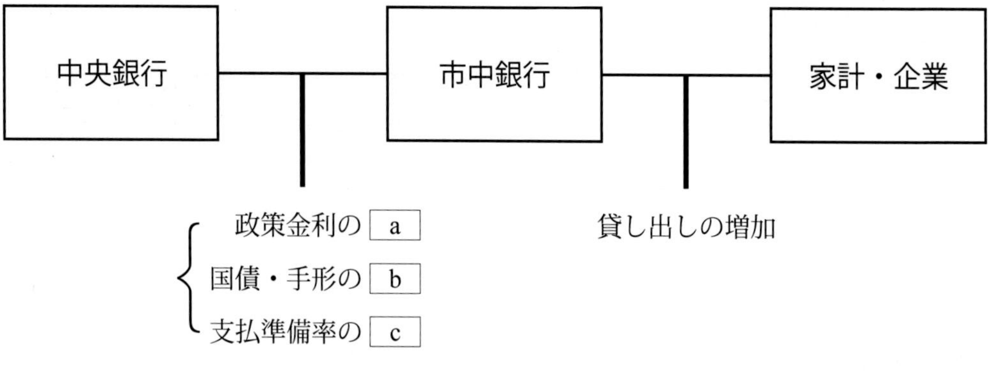

	a	b	c
①	引き上げ	売りオペ	引き上げ
②	引き上げ	買いオペ	引き下げ
③	引き下げ	売りオペ	引き上げ
④	引き下げ	買いオペ	引き下げ

問7 次のグラフは1970年代から2000年代における円相場の推移を示したものである。これを参考にし，円相場の推移に関する記述として最も適当なものを，次の①～④の中から一つ選びなさい。 **13**

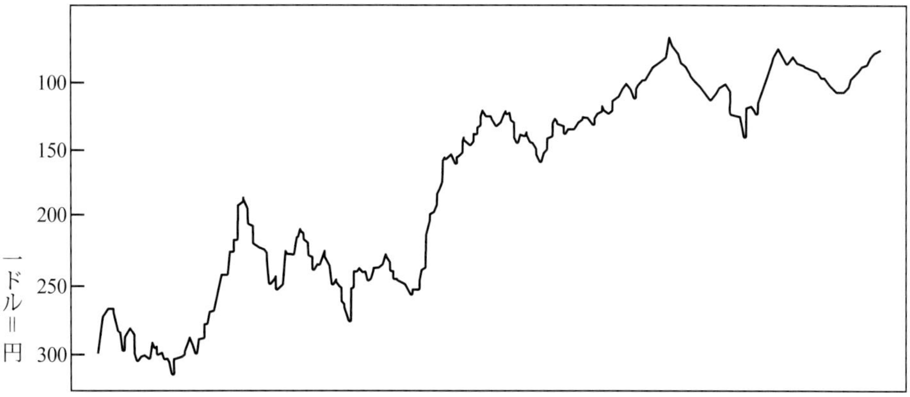

① 1985年のプラザ合意によりドル安が進められ，1ドル150円から1ドル＝250円になった。

② 1970年代に比べ，1990年代は円安が進んでいる。

③ 1990年代の半ばに円高になったのは日本の経済が回復に向かい，海外からの投資が伸びたからである。

④ 変動相場制の移行から1990年代までは1ドル＝100円を超える円高はなかった。

問8 ある国において2020年の名目GDPは100兆円であった。その国の2021年の名目GDPは110兆円であり，物価が10%上昇した場合，実質経済成長率として最も適当なものを，次の①～④の中から一つ選びなさい。 **14**

① －10%

② －5%

③ 0%

④ 10%

問9 市場における金利の動きについての記述として最も適当なものを，次の①～④の中から一つ選びなさい。 **15**

① 預金を増やしたい銀行は，他の銀行より預金金利を下げる。

② 預金の引き出しが増えれば，預金金利は引き下げられる。

③ 貸出を増やしたい銀行は，他の銀行より貸出金利を上げる。

④ 資金を必要とする企業が増えれば，貸出金利は引き上げられる。

問10 国債を発行した際の影響についての記述として最も適当なものを，次の①～④の中から一つ選びなさい。 **16**

① 国債発行が多くなればなるほど歳入が増加するので多様な分野で国家の政策を推進できる。

② 国債を購入した民間金融機関は安定した利益が得られるので，企業への貸し出しも増加する。

③ 国債発行は増税よりも有権者から反対を受けやすいため，政権交代の原因になりやすい。

④ 国債を大量に発行すると次の世代への負担が重くなるので，世代間の公平性が損なわれる。

問 11 1980 年代の日本経済や社会に関する記述として最も適当なものを，次の①～④の中から一つ選びなさい。 **17**

① 水俣病やイタイイタイ病などの四大公害病が問題になり，公害対策基本法が制定された。

② 戦後初めてマイナスの成長率を記録し，高度経済成長が終わった。

③ デフレ・スパイラルを打開するため金融ビッグバンと呼ばれる金融緩和政策がとられた。

④ 日本国有鉄道が民営化されるなど，国営企業の民営化がなされた。

問 12 日本の社会保障に関する記述として**正しくないもの**を，次の①～④の中から一つ選びなさい。 **18**

① 日本の社会保障は社会保険・公的扶助・社会福祉・公衆衛生の 4 つの柱からなる。

② 日本の医療保険と年金保険の加入を義務付けている。

③ 日本の年金は少子高齢化の問題が深刻化するのに合わせて，近年賦課方式から積立方式に変更された。

④ 租税負担率と社会保障負担率を合わせた国民負担率は少子高齢化とともに高くなっているが，フランスには及ばない。

問 13 都市中心部の環境悪化や地価高騰が理由で人口が都市周辺部に流出する現象を何というか。最も適当なものを，次の①～④の中から一つ選びなさい。 **19**

① スプロール化

② スラム化

③ ドーナツ化

④ コナベーション（conurbation）

問 14 次の表は 2019 年におけるアフリカ大陸上に存在するある国の輸出品 5 位までを表している。その国として適当なものを，次の①～④の中から一つ選びなさい。 **20**

品目	割合(%)
原油	76.5
液化天然ガス	9.3
船舶	5.9
金属製品	3.9
炭化水素	0.6

『データブック・オブ・ザ・ワールド 2022』より作成

① ケニア（Kenya）

② コートジボワール（Ivory Coast）

③ エチオピア（Ethiopia）

④ ナイジェリア（Nigeria）

問 15 次のグラフはA国の出生率と死亡率を示している。このグラフに関する記述として最も適当なものを，次の①～④の中から一つ選びなさい。 **21**

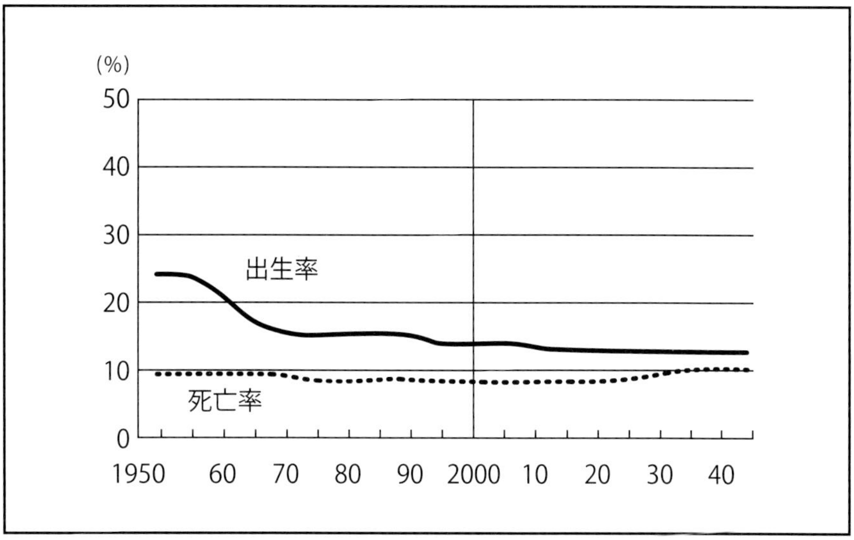

『データブック・オブ・ザ・ワールド 2022』より作成

① A国は人口の緩やかな増加が見込まれる。

② A国は日本である。

③ A国は人口の減少が見込まれる先進国である。

④ A国は急激な人口の増加が予想される開発途上国である。

問 16 次の表は 2018 年における乗用車，商用車の数と人口 100 人当たりの自動車保有数を表している。A～Dに当てはまる国名の組み合わせとして最も適当なものを，次の①～④の中から一つ選びなさい。 **22**

（単位：万台）

	乗用車	商用車	合計	乗用車 1 台あたり人口
A	12,283	15,867	28,150	2.7
B	19,440	3,682	23,122	7.3
C	3,189	2,458	5,647	42.5
D	3,902	515	4,041	1.5

『データブック・オブ・ザ・ワールド 2022』より作成

	A	B	C	D
①	中国	イタリア	インド（India）	アメリカ
②	アメリカ	中国	インド	イタリア
③	中国	インド	イタリア	アメリカ
④	アメリカ	インド	中国	イタリア

問 17 地球の半径は 6,400㎞，全周はおおよそ 40,000㎞である。A 地域は北緯 60 度・東経 30 度に，B 地域は南緯 30 度・東経 30 度に位置している。A 地域から B 地域の実際の距離はどれぐらいか，次の①～④の中から一つ選びなさい。 **23**

① 約6,400㎞

② 約10,000㎞

③ 約12,800㎞

④ 約20,000㎞

問 18 世界の民族問題に関する記述として最も適当なものを，次の①～④の中から一つ選びなさい。 **24**

① ベルギー（Belgium）ではオランダ語を使用する南部と，フランス語を使用する北部が対立し，北のフランドル（Flanders）地域はフランスへの併合運動を続けている。

② カフカス（Caucasus）地域に住むチェチェン（Chechen）人は同じイスラム教徒からなるパキスタン（Pakistan）に併合することを主張している。

③ カナダのケベック州（Québec）では，フランス系住民が多数を占め，独立運動が続けられてきた。

④ 北アイルランドでは，多数派のカトリックと少数派のプロテスタントの対立が続き，近年独立運動が激しく行われている。

問 19 次の文章を読み，A 国に当てはまる地域を，次の地図中の①～④の中から一つ選びなさい。 **25**

A 国の火山がまた噴火する可能性が高い。科学者たちによるとこの地域の火山のマグマが上昇しているそうだ。この地域は過去にも火山活動による被害が大きかったが，火山灰により豊潤な土地が形成されている。またブドウとオレンジ生産に適した気候で，A 国の地域経済においても重要な地位を占めている。

問 20 世界における交通と移動に関する記述として最も適当なものを，次の①～④の中から一つ選びなさい。 **26**

① 北アメリカとヨーロッパの間を移動する客は，主に船を利用する。

② ユーロトンネル（Channel Tunnel）の開通により，ロンドン（London）とパリ（Paris）の間での旅客は鉄道の利用が圧倒的に多い。

③ 日本と中国の間は，航空機を利用する旅客数より，船を利用する旅客数の方が多い。

④ アメリカの大西洋岸の都市から太平洋岸の都市へと移動する旅客は鉄道より飛行機の利用が多い。

問 21 統一された中央政府によって統治される国家を「単一国家」といい，複数の国・地域が結合して，ある程度の権限を持つ地方政府が存在する国家を「連邦国家」という。「単一国家」と「連邦国家」の組み合わせとして適当なものを，次の①～④の中から一つ選びなさい。 **27**

	単一国家	連邦国家
①	ブラジル（Brazil）	日本
②	アメリカ	ロシア
③	ドイツ	シンガポール（Singapore）
④	フランス	スイス（Switzerland）

問 22 選挙制度に関する記述として最も適当なものを，次の①～④の中から一つ選びなさい。 **28**

① 小選挙区制は，一つの選挙区に多数の立候補を立てられるので多数党が有利になる。
② 小選挙区制は，死票が多いため，民意が反映されないという短所があるが，政局は安定しやすい。
③ 大選挙区制は，死票がないので少数派の意見も反映されやすい。
④ 比例代表制は，民意が最も反映されるが，多数党がほとんどの議席を占めることが懸念される。

問 23 日本国憲法に規定されない「新しい人権」の例として**適当ではないもの**を，次の①～④の中から一つ選びなさい。 **29**

① 自己決定権
② 環境権
③ 知る権利
④ 生存権

問 24 難民に関する記述として最も適当なものを，次の①～④の中から一つ選びなさい。 **30**

① 難民条約では人種・宗教・国籍などから迫害を受けている政治難民や貧困により発生した経済難民を保護すべきことが決められている。

② ベトナム戦争（Vietnam War）で生じた難民問題からUNHCR（国際連合高等弁務官事務所）が設立された。

③ 日本は「難民の地位に関する条約」には批准していないが，難民を受け入れている。

④ 日本は難民の受け入れに対し，ドイツやフランスなどヨーロッパの国々に比べて消極的な姿勢をとっている。

問 25 平和維持方式に関する記述として最も適当なものを，次の①～④の中から一つ選びなさい。 **31**

① カント（Immanuel Kant）は『永遠平和のために』で集団安全保障体制の設立を唱えた。

② 第一次世界大戦（WWI）後の国際連盟は，勢力均衡による平和維持をめざしていた。

③ 第二次世界大戦（WWII）前は三国同盟や三国協商がそれぞれ軍事力を競うことで平和を維持していた。

④ 国際連合は侵略行為に対して集団制裁を加える仕組みをとり，各国の自衛権は認めていない。

問 26「法の支配」に関する記述として正しいものを，次の①～④の中から一つ選びなさい。 **32**

① 「法の支配」のもとでは，統治者は国民の権利を保障するため，自ら法を制定すべきである。

② 「法の支配」は法によって国民の自由が制限されることを意味する。

③ 「法の支配」の概念はドイツを中心に発達し，法の形式を重要視するものである。

④ 「法の支配」は法により為政者の権力を制限することである。

問 27 第二次世界大戦（WWII）後に設立された国際連合の説明について，正しいものを，次の①～④の中から一つ選びなさい。 **33**

① 日本は 1951 年サンフランシスコ平和条約によって主権を回復し，同時に国連に加盟した。

② スイスは，国民投票の結果，2002 年国際連合への加盟を実現した。

③ アメリカは議会の反対によって加盟せず，冷戦が終わった 1989 年に加盟した。

④ 1991 年に湾岸戦争（Gulf War）を起こしたイラクは国際連合から除名された。

問 28 1789 年に起こったフランス革命に関する説明として最も適当なものを，次の①～④の中から一つ選びなさい。 **34**

① ナポレオン（Napoleon）によるクーデタから革命が始まった。

② ブルジョアジーに対する労働者の不満が革命の原因であった。

③ 革命によって封建的な身分制度が廃止された。

④ フランス革命の結果，現在まで一貫して続く共和政が始まった。

問 29 次の文章を読み，[A]と[B]に当てはまる語の組み合わせとして正しいものを，次の①～④の中から一つ選びなさい。 **35**

19 世紀の初頭，南米諸国の独立を指導したのは[A]だった。[A]はクリオーリョの裕福な名家に生まれ，ベネズエラ（Venezuela）をはじめコロンビア（Columbia）・エクアドル（Ecuador）・ペルー（Peru）などを[B]から独立させた。

	A	B
①	シモン・ボリバル	イギリス
②	シモン・ボリバル	スペイン
③	チェ・ゲバラ	イギリス
④	チェ・ゲバラ	スペイン

注）チェ・ゲバラ（Che Guevara）
　　シモン・ボリバル（Simón Bolívar）

問 30 ヘミングウェイ（Ernest Hemingway）の長編小説『誰がために鐘は鳴る（For Whom the Bell Tolls)』は 1936 年に自ら参加したある戦争を背景にしている。ファシズム（fascism）と反ファシズムの戦いであったこの戦争を，次の①～④の中から一つ選びなさい。 **36**

① 第一次世界大戦（WWI）

② 第二次世界大戦（WWII）

③ スペイン内戦（Spanish Civil War）

④ 朝鮮戦争

問 31 アメリカ独立以降の出来事A～Dを年代順に並べたものとして正しいものを，次の①～④の中から一つ選びなさい。 **37**

A：ロシアからのアラスカ（Alaska）買収 B：ゲティスバーグ（Gettysburg）演説 C：南北戦争の勃発 D：リンカーン（Lincoln）大統領の就任

① A→C→D→B
② A→D→B→C
③ D→C→B→A
④ D→B→A→C

問 32 次の文章を読み，[a]と[b]に当てはまる語の組み合わせとして正しいものを，次の①～④の中から一つ選びなさい。 **38**

1895年の[a]の結果，日本は清（Qing）から遼東半島（Liaodong Peninsula）を獲得した。しかし，フランスやドイツ・[b]が日本に対して遼東半島を清に返還することを求めた。特に[b]は極東進出のために不凍港が必要であり，満州における権益拡大を図っていたのである。

	a	b
①	南京条約	イギリス
②	南京条約	ロシア
③	下関条約	イギリス
④	下関条約	ロシア

memo

第3回

模擬テスト

総合科目
(80分)

問1 次の文章を読み，下の問い（1）～（4）に答えなさい。

カフカス（Caucasus）はロシア（Russia）の南部，［a］と黒海（Black Sea）に挟まれている地域をいう。ここには50以上の民族が存在し，1旧ユーゴスラビア（Yugoslavia）連邦のように分離独立運動が起きている。特に1994年と99年にはイスラム（Islam）教徒が多数である［b］でロシアからの独立運動が起きたが鎮圧された。ヨーロッパの東，アジアの西北に存在するこの地域には，2カフカス山脈があり，標高の高い山が並んでいる。原油や3天然ガスなどをめぐる天然資源の所有をめぐる争いもある。

(1) 上の文章の［a］と［b］に当てはまる語の組み合わせとして正しいものを，次の①～④の中から一つ選びなさい。 **1**

	a	b
①	カスピ海	チェチェン共和国
②	カスピ海	クリミア共和国
③	バルト海	チェチェン共和国
④	バルト海	クリミア共和国

注）カスピ海（Caspian Sea）
バルト海（Baltic Sea）
クリミア共和国（Autonomous Republic of Crimea）
チェチェン共和国（Chechnya）

(2) 下線部1に関して，旧ユーゴスラビアから独立して誕生した国を，次の①～④の中から一つ選びなさい。 **2**

① ハンガリー（Hungary）

② ラトビア（Latvia）

③ ボスニア・ヘルツェゴビナ（Bosnia and Herzegovina）

④ ウクライナ（Ukraina）

(3) 下線部２と関連し，カフカス山脈と同じく，新期造山帯に属する山脈を，下の地図中の①～④の中から一つ選びなさい。 **3**

(4) 下線部３に関して，天然ガスの特徴として最も適当なものを，次の①～④の中から一つ選びなさい。 **4**

① 不純物をほとんど含まないクリーンなエネルギーである。

② 中国は産出国の中でも輸出が最も多い国である。

③ 石油より二酸化炭素の排出量が多いため，地球温暖化の原因の一つとなっている。

④ ロシアはパイプラインを利用し，天然ガスを最も多く輸入している。

問 2　次の会話を読み，下の問い（1）～（4）に答えなさい。

学生：東京でのオリンピックは 2 回目ですね。

先生：そうだね。1 1964 年に開催して以来 56 年ぶりだね。
2013 年にアルゼンチン（Argentina）の 2 ブエノスアイレス（Buenos Aires）で開いた 125 回 IOC 総会で決まったんだ。

学生：そうですか。東京のライバルとしてどんな都市があったのですか。

先生：3 イスタンブール(Istanbul)があったね。スペイン(Spain)のマドリード(Madrid)もあったしね。

学生：もともと 1940 年にも東京で開催される予定だったのですね。

先生：そうだね。しかし，日中戦争でヘルシンキ（Helsinki）に変更されたよ。ヘルシンキも 4 第二次世界大戦（WWII）で結局は開催されなかったね。

(1) 下線部 1 に関して，1964 年における日本の外交について正しいものを，次の①～④の中から一つ選びなさい。　**5**

① 日中共同声明が発表され，中華人民共和国との国交正常化が行われた。

② 経済協力開発機構（OECD）に非欧米諸国として初めて加盟した。

③ 国連平和維持活動協力法（PKO 法）が成立し，自衛隊がカンボジア（Cambodia）に派遣された。

④ ILO（国際労働機関）に加盟した。

(2) 下線部２に関して，アルゼンチンのブエノスアイレスの経度と緯度として最も適当なものを，次の①～④の中から一つ選びなさい。 **6**

① 東経 58 度，北緯 34 度

② 西経 58 度，北緯 34 度

③ 西経 58 度，南緯 34 度

④ 東経 58 度，南緯 34 度

(3) 下線部３に関して，イスタンブールに関する説明として最も適当なものを，次の①～④の中から一つ選びなさい。 **7**

① かつてはオスマン帝国の首都であり，現在はトルコ（Turkey）の首都である。

② スカンジナビア（Scandinavia）半島に位置し，トルコの都市の中では最も人口が多い。

③ イスタンブールに居住する人はカトリック信者が最も多く，その次がムスリムである。

④ マルマラ海（Sea of Marmara）と黒海を結ぶボスポラス（Bosporus）海峡を挟んで，２つの大陸にまたがっている。

(4) 下線部４に関して，第二次世界大戦に関する記述として最も適当なものを，次の①～④の中から一つ選びなさい。 **8**

① 日英同盟によって日本は参戦を決定した。

② 国家がすべての分野を戦争に動員する「総力戦」が初めて行われた。

③ ドイツ（Germany）はタンネンベルクの戦い（Battle of Tannenberg）で勝利した。

④ ドイツやソ連（USSR）のポーランド（Poland）侵攻から戦争が勃発した。

問3 寡占市場に関する記述として最も適当なものを，次の①～④の中から一つ選びなさい。 **9**

① 寡占市場は，重化学工業部門よりも軽工業部門で形成されやすい。

② 「見えざる手」によって，資源が効率的に配分される。

③ 寡占市場は一般に，その部門の総需要が大きければ大きいほど形成されやすい。

④ 有力な企業が設定した価格に，ほかの企業が暗黙的に従う傾向がある。

問4 本源的預金とは預金者から現金で銀行に預けられる最初の預金のことをいう。本源的預金が 1,000 万円で支払準備率が 10％の場合，信用創造される額としてもっとも適当なものを，次の①～④の中から一つ選びなさい。 **10**

① 9,000 万円　② 1 億 1,000 万円　③ 10 億円　④ 9 億 9,000 万円

問5 次の表はある家庭における一か月の所得や消費などの金額を表している。この場合の可処分所得の金額として適当なものを，次の①～④の中から一つ選びなさい。 **11**

内訳	金額
所得	30 万円
社会保険料	2 万円
直接税	3 万円
食費を除いた消費	5 万円
食費	2 万円

① 18 万円

② 23 万円

③ 25 万円

④ 27 万円

問6 次の文章はある商品Xに関する記述である。この文章から読み取れることとして最も適当なものを，次の①～④の中から一つ選びなさい。 **12**

ある商品Xの生産に用いられる原材料の価格下落により，Xの均衡価格はP_0からP_1に，均衡数量はQ_0からQ_1に変動した。それによってXの販売収入は大きく増加したのである。

① 均衡価格P_0はP_1より安い。

② 均衡数量Q_0はQ_1より少ない。

③ 商品Xは供給の価格弾力性が低い。

④ 商品Xは需要の価格弾力性が高い。

問7 次の文章を読み，[a]と[b]に当てはまる語の組み合わせとして正しいものを，次の①～④の中から一つ選びなさい。 **13**

実質GDPと名目GDPを比較することにより，様々な情報を得ることが可能である。例えばその年の名目GDPを同年度の実質GDPで割ったとき，1.1という数値が出ると，これは[a]が10%[b]したことを意味する。

	a	b
①	物価	上昇
②	物価	下落
③	経済成長率	上昇
④	経済成長率	下落

第3回

問8 ある企業が資金を調達する方法には，株式を発行する方法と，社債を発行する方法がある。この二つの方法について最も適当なものを，次の①～④の中から一つ選びなさい。 **14**

① 株式と社債の両方とも投資者は配当金で収益が得られる。

② 株式で調達した資本は株主が投資企業に対する権利をもつため，他人資本である。

③ 社債を購入した投資家は経営が悪化しても損をする可能性はまったくない。

④ 一般的に，銀行預金に比べて株式や社債ともに安全性が低い。

問9 下の図は，三つの経済主体による国民経済の循環を示している。Aに入る経済主体として最も適当なものを，次の①～④の中から一つ選びなさい。 **15**

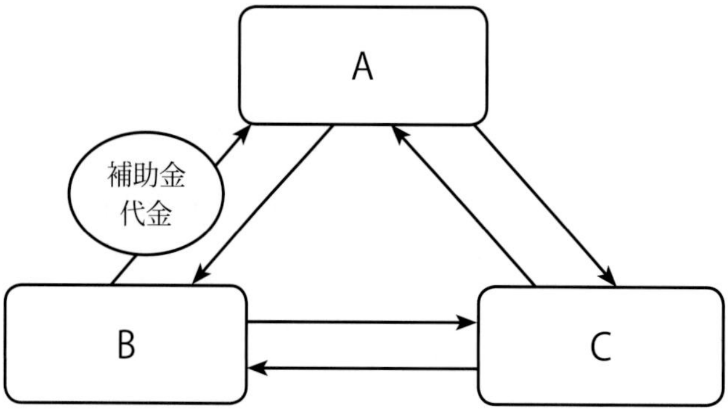

① 政府

② 家計

③ 企業

④ 個人

問 10 次はある国における諸指標の項目とその金額を数値で表している。この年のGNI（国民純所得）の金額として適当なものを，次の①～④の中から一つ選びなさい。 **16**

項目	金額
国民所得（NI）	300
海外からの純所得	20
固定資本減耗	100
間接税 − 補助金	20

注）−はマイナスを意味

① 320

② 400

③ 420

④ 440

問 11 日本の消費税に関する記述として最も適当なものを，次の①～④の中から一つ選びなさい。 **17**

① 消費税は全額が国に納められる国税である。

② 消費税は景気の変動や人口構造の変化に比較的に影響されにくい。

③ 消費税は間接税に含まれるが所得によって税率が変わるので逆進性を持つ。

④ 消費税は 1997 年 5 %で初めて導入され，2014 年には 8%に引き上げられた。

問 12 次の文章中の空欄 a と b に当てはまる語の組み合わせとして正しいものを，次の①～④の中から一つ選びなさい。 **18**

1929 年，世界に波及した大恐慌は資本主義経済体制に対する反省を促した。その以前にも不況はあったものの，大恐慌はその中でもっとも深刻だったのである。アメリカの場合，1929 年から 33 年までに実質 GDP が 27％減少し，失業率は 3％から 25％に急上昇した。大恐慌の原因は a の減少にある。

これに対し資本主義国家では恐慌を乗り切るため新しい考え方が導入された。それに影響を与えた学者が b であった。そして彼の理論に沿った対策が「ニューディール（New deal）政策」である。

	a	b
①	総需要	ケインズ
②	総需要	アダム・スミス
③	総供給	ケインズ
④	総供給	アダム・スミス

注）ケインズ（John Maynard Keynes）
アダム・スミス（Adam Smith）

問 13 日本の高度経済成長についての国際的要因として**適当ではないもの**を，次の①～④の中から一つ選びなさい。 **19**

① IMF・GATT 体制の下で自由貿易による利益を享受できた。

② 円の価値が高く維持されていたため，安価で豊富な原油の輸入ができた。

③ 世界の経済成長時期と重なり，各国の購買力の拡大を背景に輸出が増加した。

④ 朝鮮戦争やベトナム戦争（Vietnam War）など，「特需」の恩恵を受けた。

問 14 財政は景気の動向に合わせ，弾力的に財政規模を調節することで景気安定を図る役割をしている。不況時に行う財政政策として適当なものを，次の①～④の中から一つ選びなさい。 **20**

① 公共事業の計画を先送りしたり，予算を減額したりする。

② 国債発行を抑制し，財政赤字を削減する政策をとる。

③ 中央銀行が市中銀行から有価証券を買い上げる買いオペを行う。

④ 民間に残る資金を多くするため，減税を行う。

問 15 2008年，世界的に金融危機が発生した。その原因として最も適当なものを，次の①～④の中から一つ選びなさい。 **21**

① 投機によって維持してきた土地や株の高値が下落し，不良債権が拡大したことが原因であった。

② 石油輸出機構に加盟する産油国による原油生産の段階的削減によって発生した。

③ タイ（Thailand）を含むアジア各国の通貨下落が原因であった。

④ アメリカの住宅バブル崩壊からリーマン・ブラザース（Lehman Brothers）の破綻に至る連鎖が原因で発生した。

問 16 ケッペン（Köppen）の気候区分において，地中海性気候（Cs）が**まったく見られない国**を，次の①～④の中から一つ選びなさい。 **22**

① オーストラリア（Australia）

② スペイン

③ チュニジア（Tunisia）

④ エチオピア（Ethiopia）

問 17 次の国が含まれている機構・連合体・協力体として正しいものを，次の①～④の中から一つ選びなさい。 **23**

アメリカ・フランス・ドイツ・ノルウェー(Norway)・ スイス(Switzerland)・日本

① TPP

② OECD

③ EU

④ NATO

問 18 次の表は，2018 年の日本・アメリカ・中国・インド（India）の旅客と貨物における鉄道輸送量を表している。A ～ D に当てはまる国名の組み合わせとして正しいものを，次の①～④の中から一つ選びなさい。 **24**

	旅客（億人 Km）	貨物（億 t.km）
A	11,498	6,202
B	4,416	193
C	102	25,252
D	6,812	22,384

主）インドは 2017 年。

『データブック・オブ・ザ・ワールド 2022』より作成

	A	B	C	D
①	アメリカ	中国	インド	日本
②	日本	アメリカ	中国	インド
③	インド	日本	アメリカ	中国
④	中国	インド	日本	アメリカ

問 19 日本国憲法が保障する人権に関する記述として**適当ではないもの**を，次の①～④の中から一つ選びなさい。 **25**

① 社会権として労働組合を作り加入することができる労働基本権がある。

② 自由権として居住移転の自由を代表とする経済的自由がある。

③ 参政権として政治的目的のために特定の場所に集まることのできる集会の権利がある。

④ 請求権として刑事裁判で無罪の場合に行使する刑事補償請求権がある。

問 20 日本国憲法において日本の国会は「国権の最高機関」と定義されている。「国権の最高機関」の意味として最も適当なものを，次の①～④の中から一つ選びなさい。 **26**

① 国会で制定された法律は，行政府が制定する政令や地方自治議会が制定する条例より上位に存在するという意味。

② 国会で制定された法律は，裁判所で憲法との適合性が判断できないため，司法より優越しているという意味。

③ 国会は内閣総理大臣を指名し，最高裁判所裁判官の指名権も持つため，内閣や裁判所より優越しているという意味。

④ 国会は選挙によって国民から選ばれた議員によって構成されているから，国権における最も重要な機関であるという意味。

問 21 日本の裁判所が持つ違憲立法審査権に関する記述として適当なものを，次の①～④の中から一つ選びなさい。 **27**

① 違憲立法審査の権利は最高裁判所にのみ与えられている。

② 違憲立法審査の対象は法律に限られている。

③ 違憲立法審査は具体的な訴訟事件があった際に限って行われる。

④ 違憲立法審査によって違憲判決が下された条項は自動的に廃止される。

問 22 アメリカの大統領制に関する記述として**適当ではないもの**を，次の①～④の中から一つ選びなさい。 **28**

① アメリカの大統領は議会を解散する権利を持ち，立法府をけん制することができる。

② アメリカの大統領は立法府が可決した法律案を拒否する権限を持っている。

③ アメリカでは行政府の閣僚と立法府の議員との兼任が厳格に制限されている。

④ アメリカの大統領制では立法府が行政府をけん制するため，弾劾訴追権がある。

問 23 日本の地方自治に関する記述として正しいものを，次の①～④の中から一つ選びなさい。 **29**

① 日本の地方自治体は中央政府と同様に地方議会から首長を選出する。

② 日本の地方自治体は住民投票で可決されれば条例を制定することができる。

③ 日本の地方自治体は自主財源の比率が低いため，国家の補助金に依存する傾向が強い。

④ 日本の地方自治体は権力分立の観点から各地域に独自の裁判所を有している。

問 24「人間の市民の権利の宣言」とはフランス革命の基本原理を明記したもので，フランス人権宣言ともいう。**この宣言で明記されていないもの**を，次の①～④の中から一つ選びなさい。 **30**

① 国民主権と機会均等

②「自由，所有，安全，圧制への抵抗」の権利

③ 所有権不可侵の原則

④ 人間らしく生きていく権利

問 25 日本の社会保険制度に関する記述として最も適当なものを，次の①～④の中から一つ選びなさい。 **31**

① 自由権の観点から医療保険に加入する際は国民に選択権がある。

② 年金は老後の生活を支えるため，仕事をしていない人も保険料を負担する義務がある。

③ 介護保険は，60 歳以上の親がいる場合，その家族に負担させる保険制度である。

④ 雇用保険は労働者と雇用主が保険料を負担するが，国費が投入されることもある。

問 26 第二次世界大戦後に多くのヨーロッパ（Europe）の国はソ連（USSR）の勢力下におかれた。**ソ連の勢力下の社会主義諸国ではなかった国**を，次の①～④の中から一つ選びなさい。 **32**

① チェコスロヴァキア（Czechoslovakia）

② ハンガリー（Hungary）

③ ギリシア（Greece）

④ リトアニア（Lithuania）

問 27 1961 年ベオグラード（Belgrade）で第 1 回会議が開かれた非同盟諸国会議に関する記述として最も適当なものを，次の①～④の中から一つ選びなさい。 **33**

① ソ連の勢力下に属さないことを目指す共産主義国家を中心に開かれた。

② 世界におけるアメリカの独占的な地位に反対した日本・フランスなどを中心に開かれた。

③ 冷戦下で東西いずれの陣営にも属さない国家の首脳会議として始まり，現在も開かれている。

④ 植民地主義や帝国主義に反対を掲げた自由主義国家に限って参加できた。

問28 1962年のキューバ危機の翌年，アメリカ・イギリス・ソ連の間で締結された核兵器に関する条約の内容として適当なものを，次の①～④の中から一つ選びなさい。 **34**

① 地上発射の中距離核戦力の全面的廃棄についての条約
② あらゆる核実験を禁止する条約
③ 戦略兵器の数量制限に関する条約
④ 大気圏内・宇宙空間・水中における核実験を禁止した条約

問29 1970年代の出来事に関する記述として**正しくないもの**を，次の①～④の中から一つ選びなさい。 **35**

① 分裂していた東西ドイツが同時に国連に加入した。
② 日中平和友好条約が調印され，両国の交流が促進された。
③ アメリカのニクソン（Richard Nixon）大統領が訪中し，共同宣言が発表された。
④ アメリカはソ連の勢力の拡大を阻止するために「封じ込め政策」を行った。

問30 1980年代後半から90年代前半までの国際情勢に関する記述として最も適当なものを，次の①～④の中から一つ選びなさい。 **36**

① ベルリンの壁が撤去され，東ドイツが西ドイツを吸収する形で東西ドイツが統合された。
② ポーランドでは「ビロード革命（Velvet Revolution）」と呼ばれる市民の静かなデモによって共産党支配が崩壊した。
③ チェコスロヴァキア（Czechoslovakia）では自主管理組合「連帯」の指導者であったワレサ（Lech Waleca）が大統領になり，共産党体制が終了した。
④ ユーゴスラビア連邦共和国（Yugoslavia）では独立を宣言した国に対してセルビア（Serbia）がそれを認めず，内戦が始まった。

問 31 1980 年代，アメリカのレーガン大統領（Ronald Wilson Reagan）が行った財政政策として**適当ではないもの**を，次の①～④の中から一つ選びなさい。 **37**

① 高度の累進課税政策

② 社会福祉予算などの削減

③ 自由競争の促進

④ 減税や規制緩和

問 32 次の文章を読み，[a]と[b]に当てはまる語の組み合わせとして正しいものを，次の①～④の中から一つ選びなさい。 **38**

第一次世界大戦後に建てられたワイマール（Weimar）共和国は最初に[a]を認めた民主国家であった。従って，戦争からの復員兵士のための年金や，フランスに支配されたルール（Ruhr）工業地域の労働者や失業者の支援金を支給しなければならなかった。それは政府による[b]につながり，ドイツの経済は危機にさらされることになった。

	a	b
①	社会権	紙幣の増発
②	社会権	予算の削減
③	請求権	紙幣の増発
④	請求権	予算の削減

第4回

模擬テスト

総合科目
(80分)

問 1 次の文章を読み，下の問い（1）～（4）に答えなさい。

モルディブ共和国（Maldives）はインド洋に位置するイスラム国家である。その領土は₁サンゴ礁島から成り，赤道に近いため₂熱帯気候である。1965 年に独立するまではイギリス（UK）の保護国であり，現在も₃イギリス連邦に属している。漁業と観光業が主な産業であり，特に観光部門は₄GDP（国内総生産）の 3 分の 1 を占めている。

(1) 下線部 1 に関して，モルディブはサンゴ礁島であるが，モルディブのようにサンゴ礁から形成された島が多い地域として適当なものを，次の①～④の中から一つ選びなさい。 **1**

① ハワイ諸島（Hawaii）

② ツバル（Tuvalu）

③ アイスランド（Iceland）

④ セントヘレナ島（Saint Helena）

(2) 下線部 2 に関して，熱帯気候に関する記述として最も適当なものを，次の①～④の中から一つ選びなさい。 **2**

① 年較差はほとんどなく，日較差の方が大きい。

② 落葉広葉樹が主な植生として分布する。

③ 小麦の生育に最も適しているため，生産が盛んである。

④ 四季がはっきりしているうえに，乾季と雨季の区分が明瞭である。

(3) 下線部３に関して，現在**イギリス連邦に属している国ではないもの**を，次の①～④の中から一つ選びなさい。 **3**

① スリランカ（Sri Lanka）

② カナダ（Canada）

③ オーストラリア（Australia）

④ アメリカ（USA）

(4) 下線部４に関して，一定期間内に国内で生み出された付加価値の総額をGDP（国内総生産）というが，2018年現在におけるGDP（国内総生産）に関する記述として最も適当なものを，次の①～④の中から一つ選びなさい。 **4**

① 国内総生産（GDP）の順位で日本はドイツ（Germany）に次ぐ４位である。

② 日本は1950年代から国内総生産（GDP）が増加してきたが，低下した時期もある。

③ 一人当たりの国内総生産（GDP）から見ると人口の多い中国が１位である。

④ 国内総生産（GDP）が高い国ほど，その国の国内における所得の格差も激しい。

問 2　次の会話を読み，下の問い（1）～（4）に答えなさい。

よし子：最近のニュースで1イスラエル（Israel）とパレスチナ（Palestine）の紛争がよく報道されていますね。

先　生：そうだね。なかなか平和を迎えることができず対立が続いているね。

よし子：紛争の原因は何ですか。

先　生：それが複雑なんだよ。かつては2オスマン（Othman）帝国が支配した地域に二つの民族がそれぞれ国家を建設しようとしたことが発端だといえるね。

よし子：そうですか。

先　生：1947 年に3国際連合の総会でパレスチナ分割決議もあったけれどもかなわなかったね。

よし子：イスラエルは核を保有していますか。

先　生：そうだね。4核拡散防止条約（NPT）の非加盟国だね。

(1) 下線部 1 に関して，イスラエルはどこか。正しい位置を，次の地図中の①～④の中から一つ選びなさい。 **5**

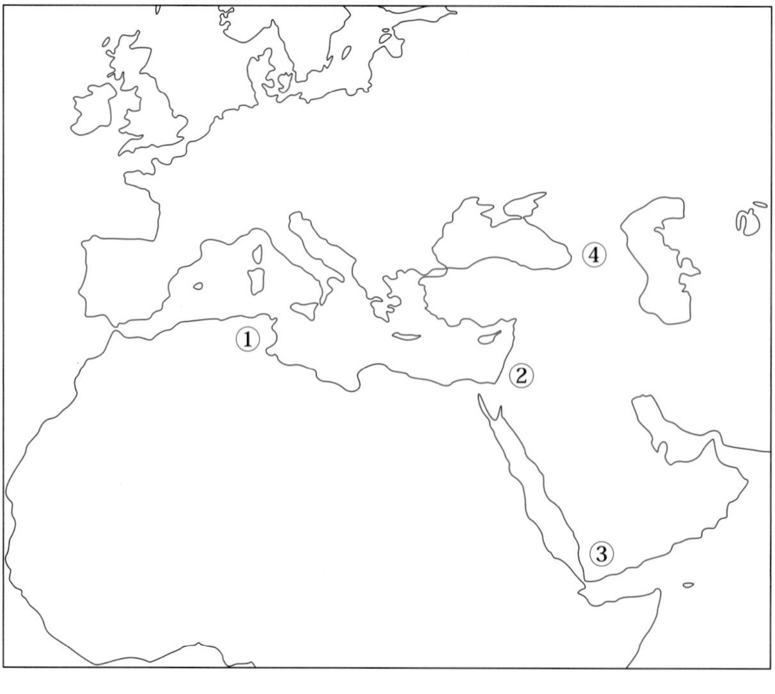

(2) 下線部２に関して，19 世紀から 20 世紀にかけてのオスマン帝国に関する記述として**適当ではないもの**を，次の①～④の中から一つ選びなさい。 **6**

① ロシア（Russia）・イギリスなどの支援を受けて，オスマン帝国からギリシア（Greece）が独立した。

② ミドハト・パシャ（Midhat Pasha）の主導で 1876 年に近代憲法が制定された。

③ 第一次世界大戦（WWI）で三国同盟側として参戦したが敗退した。

④ 第二次世界大戦（WWII）後にトルコ革命が起き，スルタン制を基本とする立憲君主制が始まった。

(3) 下線部３に関して，国際連合の総会（United Nations General Assembly）に関する記述として最も適当なものを，次の①～④の中から一つ選びなさい。 **7**

① 加盟国はそれぞれ議決権を有しており，出席して投票した加盟国の多数決で決まる。

② 常任理事国は拒否権を有しているが，非常任理事国には拒否権がない。

③ 冷戦時にはアメリカとソ連（USSR）の対立から，長期間総会が開かれなかった。

④ 近年は国際貢献度の違いを反映するため，分担金の額によって議決できる権限が異なる。

(4) 下線部４に関して，イスラエルのように核拡散防止条約（NPT）に**参加していない国**を，次の①～④の中から一つ選びなさい。 **8**

① インド（India）

② ベトナム（Vietnam）

③ フランス（France）

④ 日本

第4回

問 3　次の文章中の空欄 [a]，[b] に当てはまる語の組み合わせとして正しいものを，下の①～④の中から一つ選びなさい。 **9**

A 国の政府は汚染物質の排出による水質汚濁の改善のために，企業に汚染物質の排出量によって税金を課すことにした。これは A 国における汚染物質を排出する企業の [a] を増加させることで市場の失敗を改善しようとするものである。このような動きを [b] の内部化という。

	a	b
①	私的費用	公共財
②	社会的費用	公共財
③	私的費用	外部不経済
④	社会的費用	外部不経済

問 4　国際収支とは一国における 1 年間の対外経済取引を集計したものである。[A] に入る語の例として最も適当なものを，次の①～④の中から一つ選びなさい。 **10**

経常収支 ＝ 貿易収支＋ [A] ＋利子・配当などの投資収益＋官民の無償資金協力

① 日本企業の海外に対する投資

② 外国資本の導入

③ 国際貨物，旅客運賃の受け取りや支払い

④ 外貨準備の合計

問5 日本を例とした国民経済と為替相場（対USドル）の関係に関する記述として最も適当なものを，次の①～④の中から一つ選びなさい。 **11**

① 日本への留学生が増えると，円安になる。

② 日本の投資家によるドル建ての国債の購入が増えると，円高になる。

③ 円高になると日本への観光客は経費の負担が軽くなる。

④ 円安になると日本国内の企業の海外輸出は有利になる。

第4回

問6 A国において麦の生産農家が100万円分の小麦を生産した。その小麦すべてを買いとった製粉業者が150万円分の小麦粉を生産した。パン工場がその小麦粉すべてを買って200万円分のパンを作って消費者に販売したとする。この場合，A国のGNP（国民総生産）として正しいものを，次の①～④の中から一つ選びなさい。（ただし，A国の他の産業は考慮しない） **12**

① 100万円

② 200万円

③ 350万円

④ 450万円

問 7 次の文章を読み，文章中の空欄 a ， b に入る語の組み合わせとして適当なものを，次の①～④の中から一つ選びなさい。 **13**

公債は政府の借金証書にあたる債券である。公債が大量に発行され，それが中央銀行によって買い取られると通貨が大量に発行されて a となるため，財政法でその発行には厳しい制限がつけられている。しかし，1970 年代， b の影響で経済成長率が落ちたときには，税収が大幅に落ち込んだため，特例として赤字公債が発行された。

	a	b
①	インフレーション	第一次石油危機
②	円安	第一次石油危機
③	インフレーション	プラザ合意による円高
④	円安	プラザ合意による円高

問 8 次のグラフは日本の 2008 年から 2014 年までの輸入物価の動向を表している（2010 年を 100 としている）。グラフの A の時期に企業物価指数（輸入物価）が落ち込んだ理由として適当なものを，次の①～④の中から一つ選びなさい。 **14**

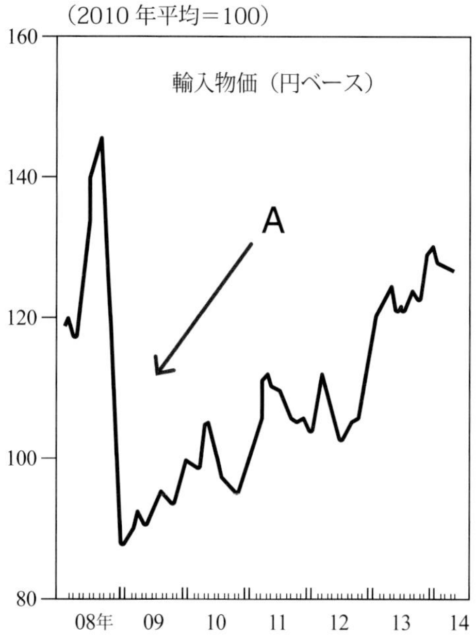

企業物価指数（輸入物価）

『日本銀行ホームページ』より作成

① 世界金融危機によって急激な円高になった。

② 石油の供給が増加し，全世界的に物価が安くなった。

③ 日本政府の積極的な財政支出により，通貨の価値が下落した。

④ ドル高によって輸入品の価格が安くなった。

問 9 次の文章は日本とアメリカにおける家計の資産運用に関するものである。文章中の空欄［a］，［b］に当てはまる語の組み合わせとして適当なものを，次の①～④の中から一つ選びなさい。 **15**

家計の資産運用においてアメリカと日本では大きな差が見られる。日本の家計でもっとも活用される金融資産は［a］であり，バブル経済崩壊後，安全な資産運用が好まれるようになり，その割合はさらに高まっている。一方，アメリカでは主な資産運用は［b］である。

	a	b
①	現金・預金	保険・年金
②	現金・預金	株式
③	保険・年金	現金・預金
④	保険・年金	株式

問 10 日本の金融システムに関する記述として**適当ではないもの**を，次の①～④の中から一つ選びなさい。 **16**

① 日本銀行は公定歩合を上下させ景気を安定させていたが，近年は金利の自由化により行っていない。

② 日本銀行は買いオペや売りオペなど公開市場操作を通じて物価の安定や経済成長の維持を図る。

③ 日本銀行が発行する紙幣と，財務省の発行する硬貨を合わせて現金通貨という。

④ 日本銀行は民間銀行より高い金利で家計や企業から預金を集め，優良企業に低金利で貸し出すことで景気回復を図ることがある。

問 11 経済体制に関する記述として最も適当なものを，次の①～④の中から一つ選びなさい。

17

① 資本主義経済では計画経済の下で政府が市場に介入し，経済成長を牽引（けんいん）する。

② 『資本論』では資本主義の経済体制のあり方について述べられている。

③ 社会主義経済は生産手段の社会的所有によって成り立つ。

④ 資本主義経済の国家の中で，ヨーロッパ諸国に比べ日本とアメリカは『大きな政府』である。

問 12 日本では公正な競争のため，1947 年独占禁止法が定められた。独占禁止法が定める内容として**正しくないもの**を，次の①～④の中から一つ選びなさい。 **18**

① 公共工事などに対する入札談合の禁止

② 私的独占の禁止

③ 2つ以上の事業者で構成される事業者団体に対する規制

④ 企業の海外進出に対する規制

問 13 次の表は 2020 年の日本におけるある輸入品の輸入相手国および金額による割合を示している。この輸入品に当てはまるものを，次の①～④の中から一つ選びなさい。

19

（単位：億円）

輸入相手国	輸入金額による割合
オーストラリア	45.4%
アメリカ	42.2%
カナダ	5.0%
ニュージーランド	3.8%

『データブック・オブ・ザ・ワールド 2022』より作成

① オレンジ

② 牛肉

③ 木材

④ 石炭

問 14 2011 年の福島第一原発事故は大量の放射性物質を広範囲に放出し，空中・海中・地下水・土壌などの汚染をもたらした。福島県の位置を，地図中の①～④の中から一つ選びなさい。 **20**

問 15 次の図は，日本における気圧の配置を表している。どの季節の配置であるか，適当なものを，下の①～④の中から一つ選びなさい。（高＝高気圧，低＝低気圧） **21**

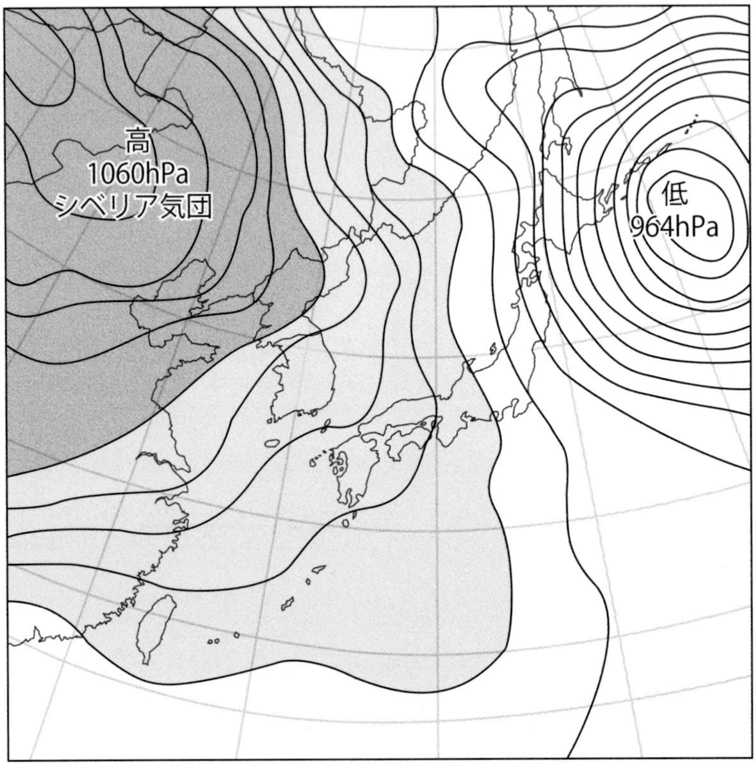

① 春

② 夏

③ 秋

④ 冬

問 16 次の表は，ケッペン（Köppen）の気候区分による各気候とその気候がみられる地域に関する説明である。組み合わせとして最も適当なものを，次の①～④の中から一つ選びなさい。 **22**

	気候	説明
①	熱帯雨林気候	アマゾン（Amazon）川の流域や東南アジアに分布し，これらの地域では天然ゴムやカカオなどのプランテーション農業が盛んである。
②	熱帯サバナ気候	回帰線付近や大陸の内陸部に分布し，年降水量はおおむね250 mm以下である。
③	地中海性気候	四季が明瞭で乾季もないため，ニューヨーク（New York）のような人口密度が高い大都市が多い。
④	砂漠気候	バオバブやアカシア類などの疎林と長草草原が広がっている。

問 17 次のグラフは，2019 年におけるある作物の生産量を大陸別にまとめたものである。この作物として適当なものを，下の①〜④の中から一つ選びなさい。 **23**

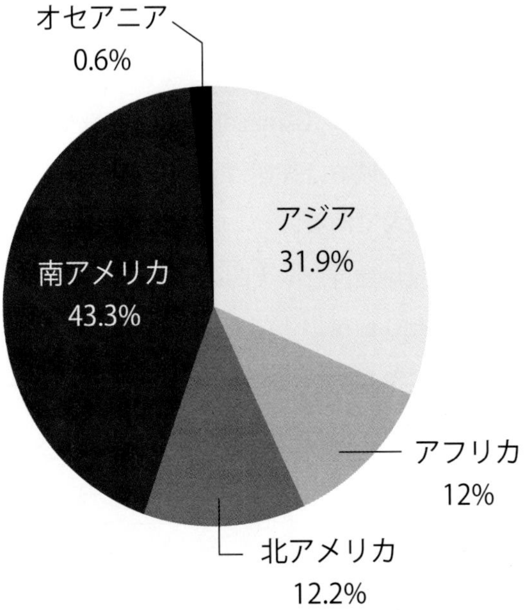

『データブック・オブ・ザ・ワールド 2022』より作成

① 茶

② コーヒー豆

③ オリーブ

④ 米

問 18 次の地図において，網かけがされている部分が意味していることについて最も適当なものを，下の①～④の中から一つ選びなさい。 **24**

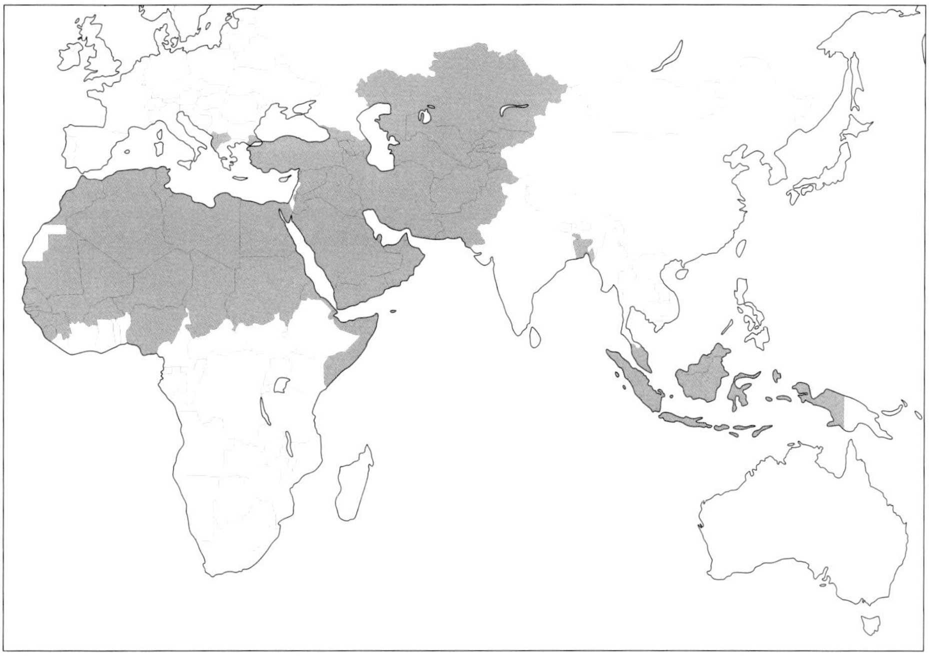

『データブック・オブ・ザ・ワールド 2022』より作成

① 19 世紀後半，イギリスの植民地または保護領であった国々

② アラビア（Arabia）語を公用語として使用する国々

③ イスラム教徒が国内の 5 割以上を占める国々

④ 一人当たり国内総生産（GDP）が 1 万ドル以下の国々

問 19 北海道に位置する札幌市（北緯 43 度，東経 141 度）と，沖縄県に位置する那覇市（北緯 27 度，東経 127 度）に関する説明として適当なものを，次の①～④の中から一つ選びなさい。 **25**

① 札幌市は冬に雪が多く降るので那覇市より年間降水量が多い。

② 那覇市は沖縄県で最も人口が多い都市であり，札幌市よりも人口が多い。

③ 札幌市は初夏になると梅雨の影響を受けるが，那覇市は梅雨の影響がない。

④ 札幌市と那覇市は経度が離れているが，同じ標準時を使用する。

問 20 オゾン層の破壊は皮膚がんなどを誘発する。オゾン層破壊の原因について最も適当なものを，次の①～④の中から一つを選びなさい。 **26**

① 過放牧や過耕作，過度の薪炭材の採取などが主な原因である。

② 二酸化炭素やメタンなどの濃度が上昇することが原因である。

③ 化石燃料の大量使用により発生する硫黄酸化物や窒素酸化物などが原因である。

④ エアコン，冷蔵庫，スプレー等に使われている，フロンガスが原因である。

問 21 日本の国会には衆議院・参議院のそれぞれに常任委員会と特別委員会が存在する。その中で常任委員会の役割として適当なものを，次の①～④の中から一つ選びなさい。

27

① 内閣が提出する予算案の審議

② 地方創生に関する総合的な対策の樹立

③ 消費者の利益の擁護及び増進等に関する総合的な対策の樹立

④ 災害に関する諸問題を調査し，その対策の樹立

問 22 選挙に関する次の文章中の空欄 A に入る語として最も適当なものを，次の①〜④の中から一つ選びなさい。 **28**

選挙は民主主義における最も重要な制度である。選挙を通じて民意が反映されるからである。しかし，すべての選挙方法が民意を正しく反映するわけではない。例えば，ある政策に対して国民の７割が賛成，３割が反対であれば，国民を代表する議員も７対３にならなければならない。しかし，そうはならない。特に A では，圧倒的な支持を受けている場合を除き，国民の意見と議会の意見は一致しにくいのである。

① 小選挙区制

② 大選挙区制

③ 比例代表制

④ 小選挙区比例代表並立制

問 23 1946 年に制定された日本国憲法に関する記述として正しいものを，次の①〜④の中から一つ選びなさい。 **29**

① 日本国憲法は東アジアで最も早く制定された近代憲法である。

② 日本国憲法は国民主権を原則としているため，天皇の地位に関する条文はない。

③ 日本国憲法の改正は制定以来行われたことがないが，改正は可能である。

④ 日本国憲法では戦力の保持を禁止しているが，自衛隊に関しては例外と規定している。

問 24 次の文章中の空欄 a ， b に入る語の組み合わせとして適当なものを，次の①～④の中から一つ選びなさい。 **30**

ある選挙区において議員１人あたりの有権者数が少ない場合，一票の価値は a 。このように，選挙区によって一票の価値に格差が生じ， b に反するとして訴訟が提起されてきた。衆議院選挙について，最高裁判所は 1976 年と 1985 年の２度，4.99 倍と 4.40 倍の格差を違憲と判断したが，同時に選挙結果の取り消し請求は棄却された。

	a	b
①	軽くなる	国民主権
②	軽くなる	法の下の平等
③	重くなる	国民主権
④	重くなる	法の下の平等

問 25 行政の民主化に関する説明として**正しくないもの**を，次の①～④の中から一つ選びなさい。 **31**

① 人事院や公正取引委員会は公平性や専門性のために一般の行政機関から独立している。

② 政府や地方自治体など行政機関が持つ情報を開示させる情報公開制度がある。

③ 議会で定めるオンブズマンは国民を代表して行政府を監視する行政指導を行う。

④ 証人の出頭や記録の提出を求める国政調査権は行政を監視する役割を担う。

問 26 次の文章を読み，下の問い（1）～（2）に答えなさい。

1951 年，GHQ の占領下にあった日本は$_1$サンフランシスコ平和条約に調印した。その後，当時の$_2$鳩山一郎首相が日ソ共同宣言に署名し，国連加盟を果たした。

(1) 下線部 1 のサンフランシスコ平和条約に関する記述として正しいものを，次の①～④の中から一つ選びなさい。 **32**

① この条約により，日本は主権のほとんどを回復したが，外交権は 1960 年になって回復した。

② この条約により，日本での米軍の駐屯が続くことになった。

③ この条約により，中国との関係が回復し，国交正常化が進んだ。

④ この条約はユーゴスラビア（Yugoslavia）など第三世界の国々との調印は行われなかった。

(2) 下線部 2 の鳩山一郎首相に関する説明として正しいものを，次の①～④の中から一つ選びなさい。 **33**

① 日本列島改造論を掲げ，高度成長を促進させようとした。

② 日本国有鉄道・日本専売公社などを民営化し，小さな政府を目指した。

③ 非核三原則を表明し，ノーベル平和賞を受賞した。

④ 自由民主党の初代総裁であり，このときから 55 年体制が始まった。

問 27 1921 年，ワシントン（Washington）会議が開かれ，9 カ国条約と 4 カ国条約が締結された。ワシントン会議と同じ時期にあったことを，次の①～④の中から一つ選びなさい。 **34**

① 日本での男子普通選挙の実施

② ドイツの国際連盟加盟

③ ロシアにおける血の日曜日事件

④ 日英同盟の解消

問 28 アメリカの大統領に関する記述として正しいものを，次の①～④の中から一つ選びなさい。 **35**

① トルーマン（Truman）大統領は，冷戦において対立の緩和を目指し，ソ連と部分的核実験停止条約（PTBT）を締結した。

② ニクソン（Nixon）大統領は，アジアにおける共産主義の拡大を防止するためベトナム戦争に参戦した。

③ ジョンソン大統領（Lyndon Johnson）は，貧困問題の解決や公民権の確立を骨子とする「偉大な社会」政策を行った。

④ レーガン大統領（Reagan）は，コミンフォルムに対抗するため，西ヨーロッパの国々へ支援を行う「マーシャルプラン（Marshall Plan）」を実行した。

問 29 次の文章を読み，下の問い（1）～（2）に答えなさい。

1871 年 1 月，ドイツ帝国が成立した。この帝国は連邦制をとり，プロイセン（Prussia）王がドイツ皇帝を兼ねた。帝国議会は₁選挙で選ばれたが，帝国宰相は皇帝にのみ責任を負い，議会は無力であった。ビスマルク（Otto von Bismarck）は宰相として約 20 年間，独裁的な権力をふるった。

この間，工業発展とともに増大した［ a ］階級の間で，専制政治を批判する社会主義運動が勢力をのばした。社会主義運動を警戒していたビスマルクは，78 年に社会主義者鎮圧法を制定して社会主義政党を弾圧した。

(1) 下線部 1 に関して，1871 年ドイツ帝国で行われた選挙に関する説明として正しいものを，次の①～④の中から一つ選びなさい。 **36**

① 財産・税金とは関係なく，すべての成年男性に選挙権が与えられた男子普通選挙であった。

② ドイツ帝国では産業化とともに女性の社会進出が活発になり，女性にも選挙権が与えられた。

③ 産業化により資産家が急増し，一定の税金を払う人に限って選挙権が与えられた。

④ チャーティスト運動（Chartism）により労働者にも選挙権が与えられるようになった。

(2) 文章中の空欄［ a ］に当てはまる語として最も正しいものを，次の①～④の中から一つ選びなさい。 **37**

① ブルジョア（Bourgeoisie）

② 労働者

③ 小作農

④ 資本家

問 30 1814 年，ナポレオン（Napoleon）時代が幕を閉じるとともに，ウィーン（Vienna）会議が開かれた。ウィーン会議における「正統主義」に関する記述として最も適当なものを，次の①～④の中から一つ選びなさい。 **38**

① フランス革命前の王朝を正統とみなし，その状態に戻そうとする考え。

② 国民または民族という価値を重要視することで，団結させる考え。

③ 個人の自由を尊重し，それを集団や国家に優先させようとする考え。

④ 国王の権力は神から授かったとすることで国王の権力に正当性を付与する考え。

第5回

模擬テスト

総合科目
(80分)

問1　次の文章を読み，下の問い（1）～（4）に答えなさい。

1第二次世界大戦（WWII）後，敗戦国であったドイツ（Germany）はソ連（USSR）とアメリカ（USA），イギリス（UK），フランス（France）の戦勝4か国によって分割占領され，1949年東西二つの国家が成立し，分断された。首都の2ベルリン（Berlin）もソ連が管理する東ベルリン地区と，アメリカ・イギリス・フランス3か国の管理する西ベルリン地区に分割された。当初は東ベルリンと西ベルリンは往来が自由であったが，1961年東ドイツにより壁が建設されて通行も断絶された。しかしこの障壁は1989年ついに崩壊し，社会主義の一党独裁も崩壊して東西ドイツは統一された。しかし，3資本主義に適応できなかった旧東ドイツの4国営企業が倒産することもあった。

(1) 下線部1に関して，第二次世界大戦後の国際情勢についての記述として最も適当なものを，次の①～④の中から一つ選びなさい。 **1**

① パリ講和会議でドイツはカメルーン（Cameroon）を含めたすべての植民地を放棄した。

② ロシア（Russia）ではニコライ2世（Nicholas II）が退位し，ロマノフ朝（House of Romanov）が滅亡した。

③ ムッソリーニ（Benito Mussolini）が率いるファシスト党が武装し，ローマに進軍した。

④ 基本的人権の共通基準である「世界人権宣言」が国連総会で採択された。

(2) 下線部２に関して，ベルリンの位置として適当なものを，次の①～④の中から一つ選びなさい。 **2**

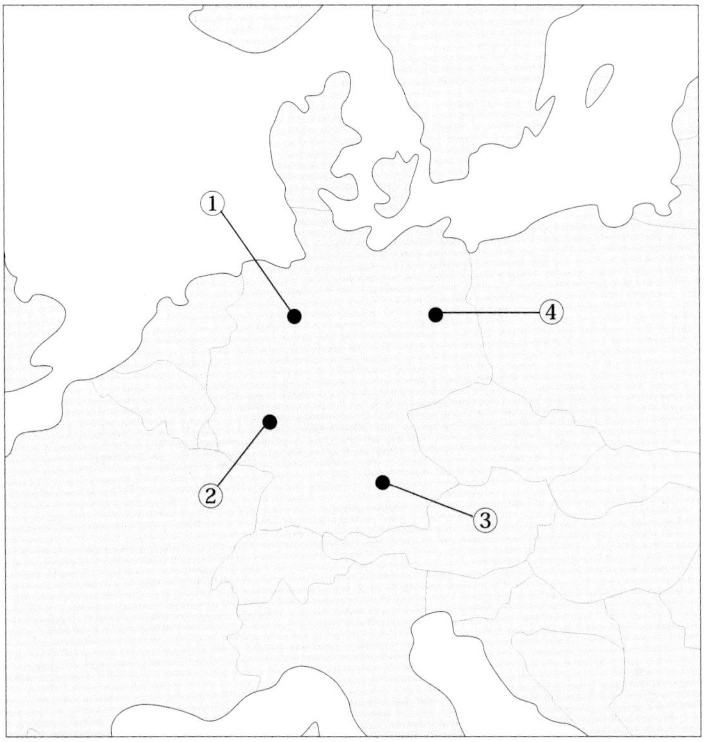

(3) 下線部３に関して，資本主義の特徴に関する記述として**適当ではないもの**を，次の①～④の中から一つ選びなさい。 **3**

① 生産量・分配が政府の裁量によって決められる。

② 利潤追求のために投資が行われる。

③ 賃金を対価として労働が行われる。

④ 商品を販売することで得た「利益」が資本家に蓄積していく。

第5回

(4) 下線部４に関して，国営企業に関する記述として最も適当なものを，次の①～④の中から一つ選びなさい。 **4**

① 国営企業の株式は中央銀行が所有している。
② 国営企業は財政の健全化のために，利潤を上げることを第一にしている。
③ 国営企業が生産する商品は一般的に民間企業より，サービスや品質が優れている。
④ 国営企業が赤字になり，財政の負担になる場合には民間企業に売り出されることがある。

問 2 次の会話を読み，下の問い（1）～（4）に答えなさい。

学生：近年，国家間の貿易摩擦が激しいですね。

先生：そうだね。特に[1]アメリカと中国の間が最も激しいね。

学生：アメリカが政策的に保護貿易の色を出しているように見えますが。

先生：そうだね。保護貿易は過去にも[2]大きな戦争の経済的理由になったこともあるね。

学生：ブロック経済のことですか。

先生：そうだよ。

学生：日本も[3]貿易摩擦が起きたことがありますか。

先生：そうだね。アメリカと貿易摩擦があったんだ。それで 1985 年の[4]G5 によるプラザ合意がなされたね。

(1) 下線部 1 に関して，アメリカの貿易に関する記述として最も適当なものを，次の①～④の中から一つ選びなさい。 **5**

① 農産物の輸出額が最も多い。

② 貿易赤字が多いため，アメリカには FTA や EPA は結ばないという原則がある。

③ アメリカは水産物について，世界第一の輸入国である。

④ プラザ合意（Plaza Accord）後，アメリカは日本との貿易で輸出超過になった。

(2) 下線部 2 に関して，ブロック経済と呼ばれる保護貿易政策が経済的原因になって起きた戦争を，次の①～④の中から一つ選びなさい。 **6**

① 南北戦争

② 第一次世界大戦（WWI）

③ 第二次世界大戦（WWII）

④ ベトナム戦争（Vietnam War）

(3) 下線部３に関して，日本とアメリカの間で起きた貿易摩擦の原因となった品目について，それを時代別に並べたものを，次の①～④の中から一つ選びなさい。

7

① 繊維 → 鉄鋼 → 自動車 → 半導体

② 鉄鋼 → 繊維 → 半導体 → 自動車

③ 半導体 → 自動車 → 鉄鋼 → 繊維

④ 繊維 → 半導体 → 自動車 → 鉄鋼

(4) 下線部４に関して，G5は現在，G7と呼ばれる先進国首脳会議（サミット）に発展した。G7に参加できる首脳を，次の①～④の中から一つ選びなさい。 **8**

① フランスの大統領

② イギリスの国王

③ ロシアの首相

④ ドイツの大統領

問3　次の文章を読み，文章中の空欄[a]と[b]に当てはまる語の組み合わせとして正しいものを，次の①～④の中から一つ選びなさい。　**9**

景気とは経済活動の状態をいう。そして循環的に見られる景気の変化を景気変動という。景気変動の中で約 50 年の周期で循環する最も長期の変動をコンドラチェフの波と呼ぶが，この要因としてシュンペーター（Shumpeter）は[a]を挙げた。また約 10 年を周期とする中期波動であるジュグラーの波は[b]にその要因があるとされている。

	a	b
①	技術革新	企業の設備投資
②	企業の設備投資	技術革新
③	技術革新	住宅の建て替え
④	住宅の建て替え	技術革新

問4　租税に関する説明 A と B を読み，その記述として適当なものを，次の①～④の中から一つ選びなさい。　**10**

A：税負担者と納税義務者が一致する租税
B：税負担者と納税義務者が一致しない租税

① A は主に消費の支出に対して課せられる。
② A の例としては関税や酒税などがある。
③ B は累進税である。
④ B は租税の転嫁が行われている。

問5　次のグラフは商品Aの需要曲線と供給曲線を表している。このグラフから読み取れる内容として最も適当なものを，次の①～④の中から一つ選びなさい。　**11**

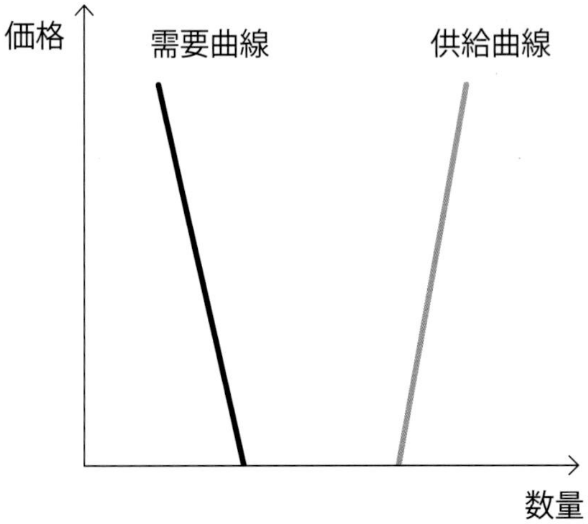

①　商品Aは供給が不足している。

②　商品Aは需要が超過している。

③　商品Aの供給は完全に弾力的である。

④　商品Aは対価を払わず利用できるものである。

問6 現在A国では下記のような経済安定政策を行っている。これに関する記述として最も適当なものを，次の①～④の中から一つ選びなさい。 **12**

・法人税率の引き下げ ・支払準備率の引き下げ

① A国は景気変動の中で好景気にある。

② A国の政府と中央銀行は景気に対する判断が異なっていない。

③ A国の物価は上昇し続けている。

④ A国は財政政策のみを行っている。

問7 スタグフレーション（stagflation）に関する記述として適当なものを，次の①～④の中から一つ選びなさい。 **13**

① 総需要の増加で発生する現象である。

② この現象が起きると，物価の上昇より失業率の上昇が主な問題となる。

③ 有効需要を減らすことでこの現象は解消できる。

④ 1970年代，世界的に発生した現象である。

問8 次の文章を読み，文章中の空欄[a]～[c]に当てはまるものの組み合わせとして正しいものを，次の①～④の中から一つ選びなさい。 **14**

ある国の国内で生産された[a]の市場価値を合計したものを[b]といい，外国企業が国内で生産した製品の価値を含む。ただし，[b]ではその国の[c]を把握することは難しい。

	a	b	c
①	最終生産物	GDP	福祉の水準
②	最終生産物	GNI	国民所得の水準
③	中間財	GDP	福祉の水準
④	中間財	GNI	国民所得の水準

問9 2018 年の日本の一般会計予算における歳出項目の中で最も割合が多いものを，次の①～④の中から一つ選びなさい。 **15**

① 社会保障費

② 国債費

③ 地方交付税交付金

④ 防衛費

問 10 第二次世界大戦直後の日本の経済についての記述として最も適当なものを，次の①～④の中から一つ選びなさい。 **16**

① 経済再建のための需要が増加し，建設ブームが起きた。

② 傾斜生産方式をとることで，造船や石油化学分野への集中的な投資が行われた。

③ 国民所得の増加に励み，所得倍増というスローガンの下で様々な政策が行われた。

④ 日銀の国債引き受けによって，インフレーションが起きたため，均衡予算政策がとられた。

問 11 次のグラフは 1996 年から 2020 年における，日本のある経済指標の推移を表している。その経済指標として最も適当なものを，次の①～④の中から一つ選びなさい。 **17**

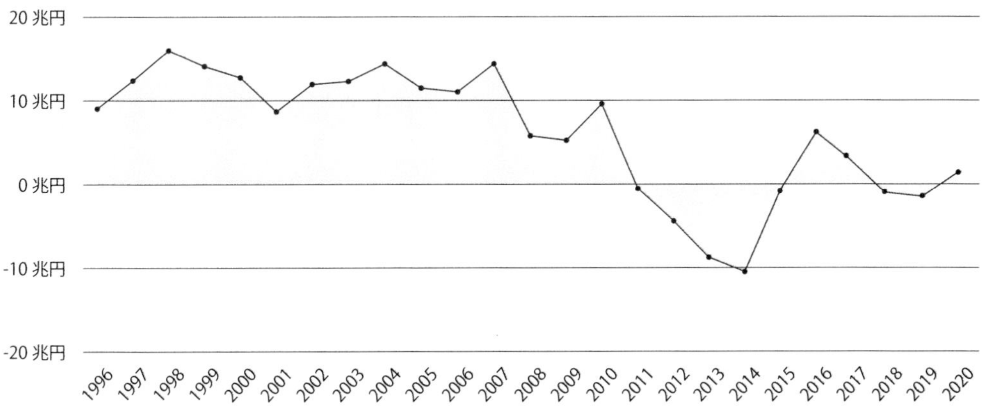

注）IMF の国際収支マニュアル第 6 版に準拠する。

『財務省ホームページ』より作成

① サービス収支

② 金融収支

③ 貿易収支

④ 経常収支

問 12 次の表は 2018 年における日本の都道府県について 1 人当たり県民所得の上位 3 位と下位 3 位を表している。A と B に当てはまる都道府県の組み合わせを，次の①～④の中から一つ選びなさい。 **18**

（単位：万円）

上位 3 位	
東京	541.5
A	372.8
栃木	347.9

下位 3 位	
青森	250.7
宮崎	246.8
B	239.1

『データブック・オブ・ザ・ワールド 2022』より作成

	A	B
①	沖縄	千葉
②	千葉	大阪
③	愛知	沖縄
④	大阪	愛知

問 13 日本における環境対策に関する記述として最も適当なものを，次の①～④の中から一つ選びなさい。 **19**

① 排気ガスの削減のため，全国的にディーゼル自動車の走行が禁止されている。

② 温室効果ガスの削減のため，地球温暖化対策税を打ち出したが，企業の反対で導入されなかった。

③ 環境対策の費用は，すべてその汚染の原因となった者が負担するという汚染者負担原則がある。

④ 1993 年公害対策基本法が制定され，日本の 4 大公害病に対する対策が整った。

第5回

問 14 地図と地球儀に関する記述として最も適当なものを，次の①～④の中から一つ選びなさい。 **20**

① 地図は距離・角度・方位・面積を同時に正しく表現することが可能である。

② メルカトル図法は円錐図法という地図投影法で作成されたものである。

③ 地球儀は地球と同じ球形であるが，その縮尺によって大きさが決まる。

④ 地球儀は面積と形状は正しく表現できるが，方位は正しくない。

問 15 次の表はＡ国，Ｂ国，Ｃ国の 2020 年における輸出相手国上位４位を表している。Ａ〜Ｃに当てはまる国名の組み合わせとして最も適当なものを，下の①〜④の中から一つ選びなさい。 **21**

Ａ国		
１位	カナダ	17.8%
２位	メキシコ	14.9%
３位	Ｂ国	8.7%
４位	Ｃ国	4.5%

Ｂ国		
１位	Ａ国	17.5%
２位	（香港）	10.5%
３位	Ｃ国	5.5%
４位	ベトナム	4.4%

Ｃ国		
１位	Ａ国	22%
２位	Ｂ国	18.5%
３位	韓国	7.0%
４位	（香港）	5.0%

『データブック・オブ・ザ・ワールド 2022』より作成

	A	B	C
①	中国	日本	アメリカ
②	アメリカ	中国	日本
③	日本	アメリカ	中国
④	アメリカ	日本	中国

問 16 次の表は札幌・東京・鳥取・那覇（沖縄県）における気候データを表している。東京に当てはまるものを，下の①～④の中から一つ選びなさい。 **22**

	最寒月 平均気温	最暖月 平均気温	降水量の 最も少ない月	降水量の 最も多い月
A	-3.6℃	22.3℃	6 月	9 月
B	4.0℃	27.0℃	4 月	9 月
C	5.2℃	26.4℃	12 月	9 月
D	17℃	28.9℃	1 月	9 月

『データブック・オブ・ザ・ワールド 2022』より作成

① A

② B

③ C

④ D

問 17 アメリカ本土（ハワイ（Hawaii）・アラスカ（Alaska）を除く）は 4 つの標準時に分かれている。東海岸に位置するニューヨーク（New York）が午後 2 時の場合に，西海岸に位置するサンフランシスコ（San Francisco）は何時か，次の①～④の中から一つ選びなさい。ただし，両都市ともサマータイムを採用している。 **23**

① 午前 10 時

② 午前 11 時

③ 午後 12 時

④ 午後 5 時

問 18 次の文章を読み，文章中の空欄 a と b に当てはまる言葉の組み合わせとして正しいものを，次の①～④の中から一つ選びなさい。 **24**

黒海（Black Sea）はヨーロッパとアジアの間にある内海で，マルマラ海（Sea of Marmara）を経てエーゲ海（Aegean Sea）や a につながる。バルカン半島（Balkan）・アナトリア半島（Anatolia）・クリミア半島（Crimea）に囲まれており，ドナウ（Donau）川やドニエストル（Dniester）川などの大河が注ぐ。黒海に面している国としては b がある。

	a	b
①	地中海	イラン（Iran）
②	地中海	ウクライナ（Ukraine）
③	カスピ海（Caspian Sea）	イラン
④	カスピ海	ウクライナ

問 19 次の三角図はＡ国における産業別就業人口の構成比（％）を示したものである。Ａ国の構成比がＸ地点にあるとき，それに関する説明として適当なものを，次の①～④の中から一つ選びなさい。 **25**

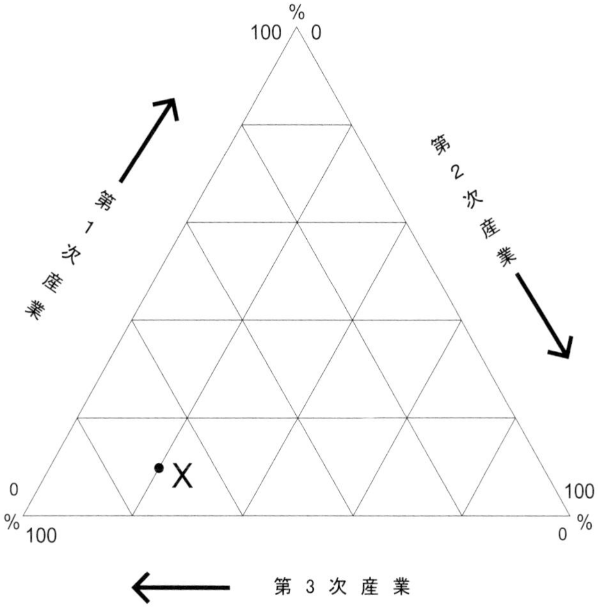

① Ａ国における第一次産業に従事する就業者の比率は約 15％程度である。

② Ａ国は製造業が発達した工業国家である。

③ Ａ国における第三次産業に従事する就業者の比率は約 70％程度である。

④ Ａ国は産業別就業人口の構成比からみて農業国家である。

問 20 名誉革命後の 1689 年に発表された『権利の章典』に関する記述として最も適当なものを，次の①～④の中から一つ選びなさい。 **26**

① 君主が議会の同意なしに，課税を禁止することが初めて記された。

② 天賦の権利が明文化され，人権の発展に大きな影響を及ぼした。

③ 国民の古来の権利と自由を確認し，国王に対する議会の優位を明らかにした。

④ 世界初の社会権を保障する文書として，イギリスの憲法の一部を構成している。

問 21「夜警国家」はドイツの社会主義者であるラッサール（Ferdinand Lassalle）が当時のイギリスのブルジョアジーの国家観を批判した言葉である。夜警国家に関する記述として最も適当なものを，次の①～④の中から一つ選びなさい。 **27**

① 国家の役割は教育・福祉に限られ，市場に対する介入は行わない。

② 国家は自由主義を重視し，必要最小限の任務だけを行う。

③ 国家は治安や国防のみならず，経済活動の種々の面まで介入する政策を行う。

④ それまで発展してきた国民国家の成長を背景として，20 世紀に成立した。

問 22 多くの国では大統領や首相（総理大臣）が並存する政治制度を持っている。その例として<u>**正しくない国**</u>を，次の①～④の中から一つ選びなさい。 **28**

① ロシア

② ドイツ

③ フランス

④ カナダ（Canada）

問 23 日本の議院内閣制に関する記述として最も適当なものを，次の①～④の中から一つ選びなさい。 **29**

① 内閣総理大臣が任命する国務大臣は，すべて文民であり，国会議員でなければならない。

② 国会によって内閣不信任の決議が行われた場合，内閣は総辞職しなければならない。

③ 内閣は法律案の提出が可能であるが，近年は国会議員が提出する法律案よりその数が多い。

④ 国会は内閣総理大臣を指名することができるが，政治責任を問うことはできない。

問 24 国家主権や国際法に関する記述として最も適当なものを，次の①～④の中から一つ選びなさい。 **30**

① 国際法は国際連合が立法権を持ち，法の適用及び執行までを行う。

② グロティウス（Hugo Grotius）は，国際社会にも自然法が存在すると主張した。

③ 国際法に違反した場合は安全保障理事会で制裁を定め，実行する。

④ 国際法は責任の所在を明確にするため，すべて成文化されている。

問 25 地球環境問題に関する記述として最も適当なものを，次の①～④の中から一つ選びなさい。 **31**

① 現在，温室効果ガスである二酸化炭素（CO_2）の排出最大国はアメリカである。

② フロンガスが原因であるオゾン層の破壊は主に高緯度を中心に進んでいる。

③ 気候変動枠組み条約は地球温暖化の対策として，1972 年ストックホルム（Stockholm）で採択された。

④ 京都議定書は，アメリカや中国を中心として温室効果ガスの排出を削減する具体的目標値が設定された。

問 26 日本の少子高齢化に関する記述として<u>**適当ではないもの**</u>を，次の①～④の中から一つ選びなさい。 **32**

① 1947 年から 1949 年まではベビーブームであり，この時期に生まれた人口集団を団塊世代という。

② 日本はイギリスやフランスと比べ，短期間のうちに高齢化が進んだ。

③ 介護保険が整ったことで，年金の給付額は減少し，年金保険料率は低くなった。

④ 一人の女性が一生涯に産む平均の子どもの数を合計特殊出生率というが，日本は 2005 年に 1.26 まで低下した。

問 27 18 世紀末に起こったフランス革命に関する記述として最も適当なものを，次の①～④の中から一つ選びなさい。 **33**

① 労働者で構成されていた第三身分が中心となり，ブルジョワジーに反抗した。

② 聖職者や貴族には納税の義務がなかったことが革命の原因の一つであった。

③ イタリアの統一戦争に参戦したことがフランス王朝の財政難を招き，革命に至った。

④ ナポレオン（Napoleon Bonaparte）の率いる軍隊が反乱を起こし，国民議会を樹立した。

問 28 1848 年，ヨーロッパでは「諸国民の春」と呼ばれる諸革命がおきた。それに関する記述として最も適当なものを，次の①～④の中から一つ選びなさい。 **34**

① ドイツではドイツ統一とドイツ憲法制定を目指してフランクフルト（Frankfurt）国民議会が招集された。

② フランスではナポレオン 1 世が権力者として台頭し，諸改革が行われた。

③ イギリスで専制政治を行っていた国王が追放され，立憲君主制が定着した。

④ ロシアでは，ニコライ二世（Nicholas II）が退位し，ロマノフ王朝が幕を閉じた。

問 29 第一次世界大戦（WWI）から第二次世界大戦までの出来事として最も適当なものを，次の①～④の中から一つ選びなさい。 **35**

① ドイツはワシントン会議で国際社会における信頼を回復し，国際連盟に加盟した。

② トルコ（Turkey）はスルタン制を廃止し，女性に参政権を与えるなど近代化を成し遂げた。

③ スペイン（Spain）ではフランコ将軍（Francisco Franco）による独裁が終わり，立憲君主制が導入された。

④ アメリカは「マーシャルプラン（Marshall Plan）」と呼ばれる西ヨーロッパに対する復興援助を行った。

問 30「戦争は人の心の中で生まれるものであるから，人の心の中に平和のとりでを築かなければならない」という文章は国際連合におけるある専門機関の憲章の前文である。この機関として適当なものを，次の①～④の中から一つ選びなさい。 **36**

① 国際刑事裁判所

② 国連教育科学文化機関（UNESCO）

③ 国際オリンピック委員会

④ 安全保障理事会

問 31 冷戦時代における出来事として最も適当なものを，次の①～④の中から一つ選びなさい。 **37**

① ベルリンがソ連により封鎖されたことで武力衝突が起き，ドイツ全土に広がった。

② キューバ危機は米ソが対立して緊張が高まり，全面核戦争寸前まで達した最も危機的な状況であった。

③ 湾岸戦争は安保理の承認を得た多国籍軍がイラク（Iraq）を攻撃した戦争である。

④ ベトナム戦争でASEANの支持を得たアメリカ側が勝利し，ベトナムの共産主義化を防いだ。

問 32 ソ連（USSR）のゴルバチョフ（Mikhail Gorbachev）が実施した改革に関する記述として正しいものを，次の①～④の中から一つ選びなさい。 **38**

① 景気回復のため，新経済政策（NEP）を推進した。

② 労働者の賃金を安定させ，全産業の復興を図った。

③ 複数政党制や学問の自由化など大幅な改革がなされた。

④ 供給を計画的に削減し，物価の安定と景気回復を図った。

第6回

模擬テスト

総合科目
(80分)

問1 次の文章を読み，下の問い（1）～（4）に答えなさい。

イラン（Iran）は1ペルシャ湾（Persian Gulf）に接しているイスラム共和国である。2人口はおよそ 8,200 万人であり，議会は任期 4 年の一院制である。イラン革命以降，アメリカ（USA）との関係が悪化し，現在まで至っている。3過去にスカッドミサイルの攻撃を受けた経験から，ミサイル開発に取り組んでいる。また 2000 年代から続く核開発により，それを憂慮する4国際原子力機関（IAEA）理事会によって，非難決議が採択されたこともあった。

(1) 下線部 1 に関して，ペルシャ湾の位置として適当なものを，次の地図中の①～④の中から一つ選びなさい。 **1**

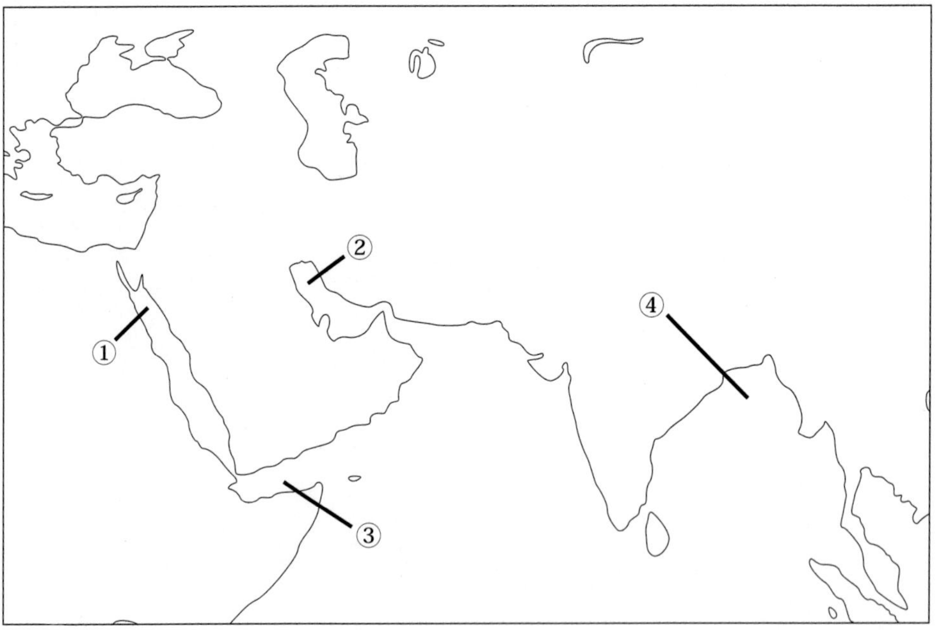

(2) 下線部２に関して，イランの人口はおよそ 8,200 万人であるが，イランと人口が最も近い国を，次の①～④の中から一つ選びなさい。 **2**

① アメリカ

② メキシコ（Mexico）

③ ナイジェリア（Nigeria）

④ ドイツ（Germany）

(3) 下線部３に関して，イランはイラン革命の翌年である 1980 年から始まった戦争でスカッドミサイルの攻撃を受けたことがある。その戦争として最も適当なものを，次の①～④の中から一つ選びなさい。 **3**

① 湾岸戦争（Gulf War）

② イラン・イラク戦争（Iran-Iraq War）

③ 第二次中東戦争

④ アフガニスタン戦争（Afghanistan War）

(4) 下線部４に関して，国際原子力機関（IAEA）に関する記述として**適当ではないもの**を，次の①～④の中から一つ選びなさい。 **4**

① 本部はオーストリアのウィーン（Vienna）に置かれている。

② 機関の実質的な決定を行うのは理事会であり，年４回程開かれる。

③ 原子力の平和利用を含めた憲章がある。

④ 国連と提携・協力する専門機関である。

第６回

問 2　次の会話を読み，下の問い（1）～（4）に答えなさい。

学生：$_{1}$地方公共団体の改革について最近勉強をしています。

先生：過疎化や財政難などでしばしば改革が行われるね。

学生：最近，よく耳にするのは大阪都構想ですが。それはどんなものですか。

先生：大阪市を廃止し，$_{2}$東京のように「特別区」を設置することだね。

学生：どのようなメリットがありますか。

先生：もともと大阪市が担っていたインフラの整備など広域行政を大阪府に一元化して，$_{3}$行政の効率を高めることだね。

学生：そしたら「特別区」は何をしますか。

先生：よりきめ細かな福祉やサービスなどを住民に提供できるようになるね。

学生：この前の$_{4}$住民投票では反対の意見が多かったようです。

先生：そうだね。いざ変えるとしたらいろいろと費用がかかるしね。

(1) 下線部 1 に関して，2002 年に「国庫補助負担金の削減」「財源の移譲」「地方交付税の一体的見直し」といういわば三位一体の改革を実施した内閣はどれか，次の①～④の中から一つ選びなさい。 **[5]**

① 橋本龍太郎（りゅうたろう）　内閣

② 小泉純一郎（じゅんいちろう）　内閣

③ 竹下登（のぼる）　内閣

④ 細川護熙（もりひろ）　内閣

(2) 下線部２に関して，次の表は2018年の北海道・愛知・東京・沖縄における三つの年齢区分別の人口を表している。東京に当てはまるものを，下の①～④の中から一つ選びなさい。 **6**

	0～14歳	15～64歳	65歳以上
A	11.1%	58.3%	30.7%
B	11.2%	65.7%	23.0%
C	13.4%	62.0%	24.6%
D	17.1%	61.9%	21.0%

『総務省統計局ホームページ』より作成

① A

② B

③ C

④ D

(3) 下線部３に関して，「行政の効率を高める」行為として適当なものを，次の①～④の中から一つ選びなさい。 **7**

① 行政機関によるさまざまな情報の照会が可能になること

② 所得税を引き上げて，財政黒字を伸ばすこと

③ 高速道路や新幹線の線路を拡充し，移動時間を短縮すること

④ 外国人観光客に対して，入国審査を厳格に行うこと

(4) 下線部 4 に関して，日本で行われる住民投票に関する記述として最も適当なものを，次の①～④の中から一つ選びなさい。 **8**

① 地方公共団体において直接民主制を実践する代表的な方法である。

② 住民が地方政治に対して意見を表明できる唯一の手段である。

③ 代議制政治を実現する手段として特定の政策について直接投票を行う。

④ 住民の意思を問う手法であるが，現在までは一度も行われたことがない。

問 3 次の文章を読み，下の問い（1）～（2）に答えなさい。

例えば，1 日本銀行が市中銀行に対する支払準備率を引き上げることにしたとする。それは，市中銀行にとって預金額の中で義務的に保有しておかなければならない額が増加し，資金運用も厳しくなることを意味する。また，市中銀行の資金調達の費用も［ a ］し，貸し出しの金利が［ b ］ことになりかねない。

(1) 下線部 1 に関して，日本銀行に関する記述として**適当ではないもの**を，次の①～④の中から一つ選びなさい。 **9**

① 唯一の発券銀行として日本銀行券の発行と管理を行う。

②「物価の安定」と「金融システムの安定」という任務を担っている。

③ 外国為替市場への介入を含む国際関係業務を行う。

④ 国の行政機関の一つで国庫金の出納を行う「政府の銀行」である。

(2) 上の文章中の空欄 a と b に入る言葉の組み合わせとして適当なものを，次の①～④の中から一つ選びなさい。 **10**

	a	b
①	上昇	上がる
②	上昇	下がる
③	下落	上がる
④	下落	下がる

問4 次のグラフは金融市場における需給曲線を表している。資金需要曲線がAからA′に移る要因として適当なものを，次の①～④の中から一つ選びなさい。 **11**

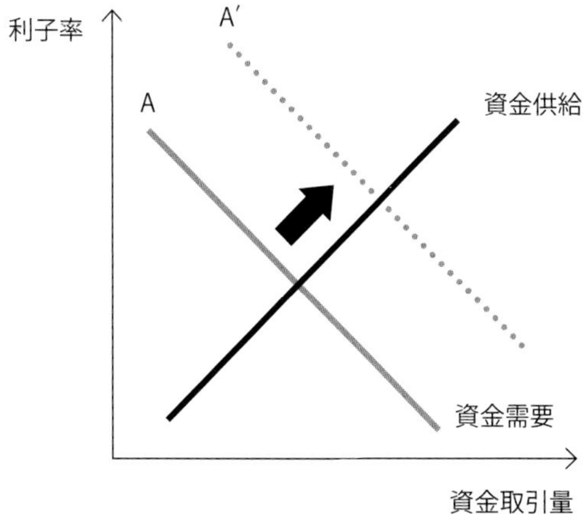

① 企業において景気回復が期待されている。

② 家計の貯蓄が上昇する

③ 企業の投資が減少する

④ 外国からの投資が増加する。

問5 次の表はA氏の資産と負債の現状である。表に関する記述として最も適当なものを，次の①～④の中から一つ選びなさい。 **12**

資産		負債	
現金	50万円	不動産担保ローン	300万円
保有住宅	1,000万円	自動車ローン	500万円
金融商品	500万円	親友からの借入金	100万円
自動車	100万円		

① A氏の総資産は2,550万円である。

② A氏の総負債は800万円である。

③ A氏の実物資産は1,150万円である。

④ A氏の純資産は750万円である。

問6 同一業種において企業や事業者が独占目的で価格や生産量，生産計画などの協定を結ぶ行為を何というか，次の①～④の中から一つ選びなさい。 **13**

① カルテル

② トラスト

③ コングロマリット

④ メセナ

問7 次の文章を読み，文章中の空欄 a と b に当てはまる言葉の組み合わせとして正しいものを，次の①～④の中から一つ選びなさい。 **14**

1971年の金ドル交換停止はブレトンウッズ体制（Bretton Woods system）の崩壊を意味する。ブレトンウッズ体制の下，金と唯一交換できたのはドルで，各通貨はドルを基軸として為替レートが固定されていた。1952年，日本も a に加盟し，1ドル＝360円に固定された。しかし，アメリカの b 介入により，財政赤字や国際収支赤字が拡大したため，金の準備額が不足し，1971年ニクソン（Richard Nixon）大統領はついに金ドル停止に踏み切ったのである。

	a	b
①	OECD	ベトナム戦争（Vietnam War）
②	OECD	朝鮮戦争
③	IMF	ベトナム戦争
④	IMF	朝鮮戦争

問8 財政の役割と機能として**適当ではないもの**を，次の①～④の中から一つ選びなさい。 **15**

① 累進課税や社会保障制度を通じて貧富の格差を縮めること

② 国が負っている債務を返済し，国の経済信用度を高めること

③ 伸縮的な財政政策で景気の調節を行うこと

④ 公園やダムなど私企業では供給が円滑に行われない財やサービスを提供すること

問9 次の表は，中国・インド（India）・ロシア（Russia）・日本における二酸化炭素（CO_2）の排出量を表している。A～Dに当てはまる国名の組み合わせとして適当なものを，次の①～④の中から一つ選びなさい。 **16**

（単位：百万 t − CO2）

	総排出量	
	1990年	2018年
A	2,122	9,528
B	1,037	1,080
C	529	2,307
D	2,164	1,587

『IEA資料』より作成

	A	B	C	D
①	中国	インド	日本	ロシア
②	中国	日本	インド	ロシア
③	インド	日本	中国	ロシア
④	インド	中国	ロシア	日本

問 10 次の表は 2020 年における日本・ドイツ（Germany）・イタリア（Italy）・アメリカ（USA）における債務残高の対 GDP 比を表している。ドイツに当てはまるものを，下の①～④の中から一つ選びなさい。 **17**

国家	%
A	254.1
B	155.8
C	133.9
D	69.1

『財務省ホームページ』より作成

① A

② B

③ C

④ D

問 11 次のグラフは日本のある地域の気温と降水量の平年値を表している。この気候が現れる地域を，下の地図中の①～④の中から一つ選びなさい。 **18**

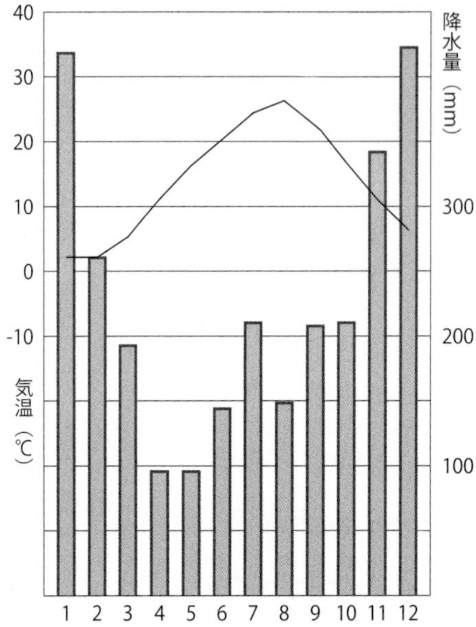

『気象庁資料』より作成

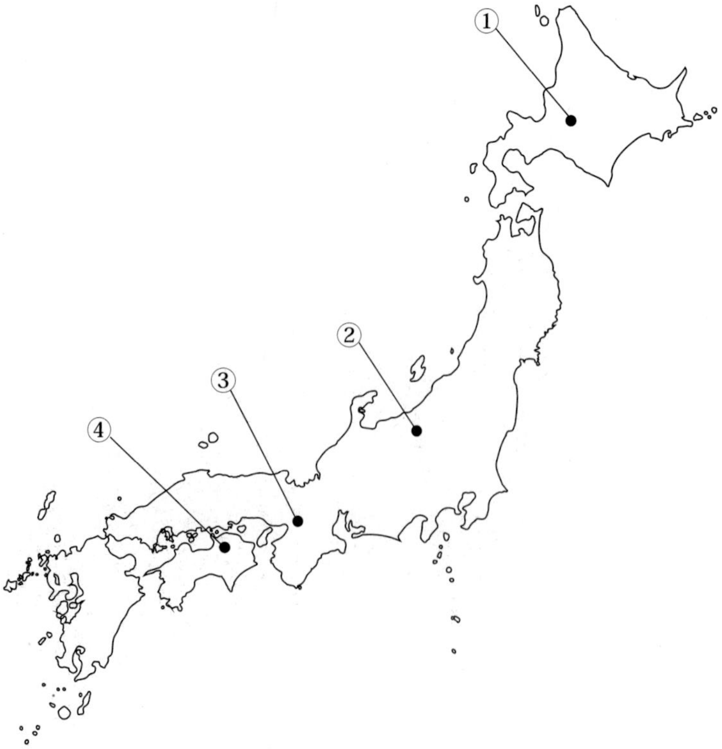

問 12 中南米諸国に関して説明した次の文章中の下線部①～④には**誤った記述**が含まれているものが一つある。その箇所として最も適当なものを，①～④の中から一つ選びなさい。 **19**

中南米は社会的・文化的背景からラテンアメリカともいう。それは旧宗主国であるスペイン（Spain）の影響を受けたからである。現在も①ブラジル（Brazil）を除くほとんどの中南米国家はスペイン語を使用している。②ブラジルはラテンアメリカ国家の中で最も人口が多く，白人が多数派である。19 世紀に入り，③中南米諸国の中で最も早く独立を果たしたのはキューバ（Cuba）で，その後に次々と他の国家も独立することになった。④宗教はカトリックやプロテスタントなどキリスト教が多数を占めている。

問 13 近年の日本の貿易に関する記述として最も適当なものを，次の①～④の中から一つ選びなさい。 **20**

① 日本の最大の貿易相手国は中国からアメリカになった。

② 日本は製造業を中心とする輸出国であり，1980 年代以来，貿易赤字はなかった。

③ 日本の貿易黒字の相手国は先進国より途上国が多い。

④ アジア NIES（新興工業経済地域）と呼ばれる国・地域は日本との貿易について輸入超過となっている。

問 14 次の表は 2019 年のある農産物における国別の生産量の順位を表している。この農産物は何か，適当なものを，下の①～④の中から一つ選びなさい。 **21**

順位	国	%
1 位	スペイン	30.6
2 位	イタリア	11.3
3 位	モロッコ	9.8
4 位	トルコ（Turkey）	7.8

『データブック・オブ・ザ・ワールド 2022』より作成

① 茶

② オレンジ

③ オリーブ

④ パーム油

問 15 下の図のA地点とB地点に関する記述として適当なものを，次の①～④の中から一つ選びなさい。 **22**

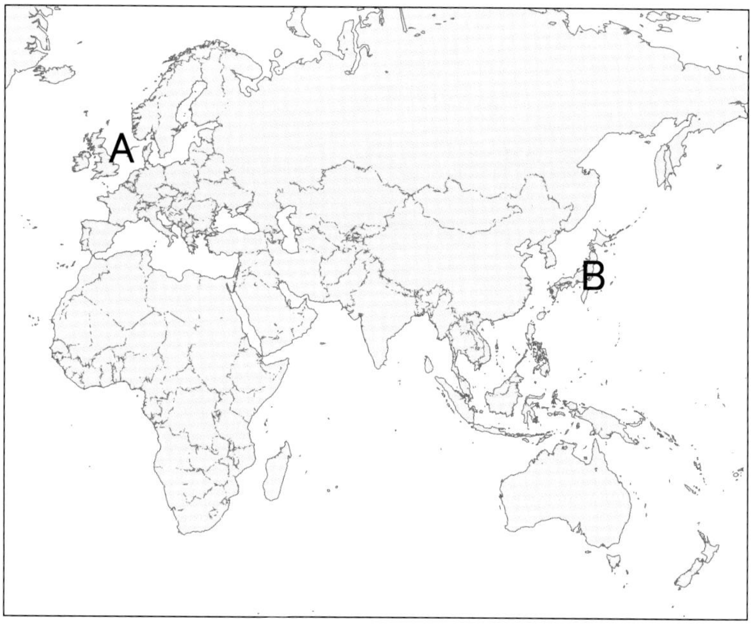

① A地点はB地点より年間降水量が多い。

② A地点はB地点より気温の年較差が小さい。

③ B地点はA地点より夏の気温が低い。

④ B地点はA地点より風の動きが一定している。

問 16 次の国家の中で赤道が通る国として適当なものを，次の①～④の中から一つ選びなさい。 **23**

① エクアドル（Ecuador）

② パナマ（Panama）

③ オーストラリア

④ サウジアラビア（Saudi Arabia）

第6回

問 17 次の表は 2019 年における 1 人あたり国民総所得（GNI）の順位を示している。A に入る国名として正しいものを，次の①～④の中から一つ選びなさい。 **24**

国・地域	1 人あたり GNI（ドル）
スイス（Switzerland）	87,950
A	81,620
（マカオ）（Macau）	75,610
ルクセンブルク（Luxembourg）	72,930
アイスランド（Iceland）	73,565

注）人口が 10 万人以上の国・地域

『データブック・オブ・ザ・ワールド 2022』より作成

① インド

② 日本

③ アメリカ

④ ノルウェー（Norway）

問 18 次の地図は，メルカトル図法で描かれたアフリカ地域の地図である。線 A と線 B が表すものの組み合わせとして適当なものを，次の①～④の中から一つ選びなさい。 **25**

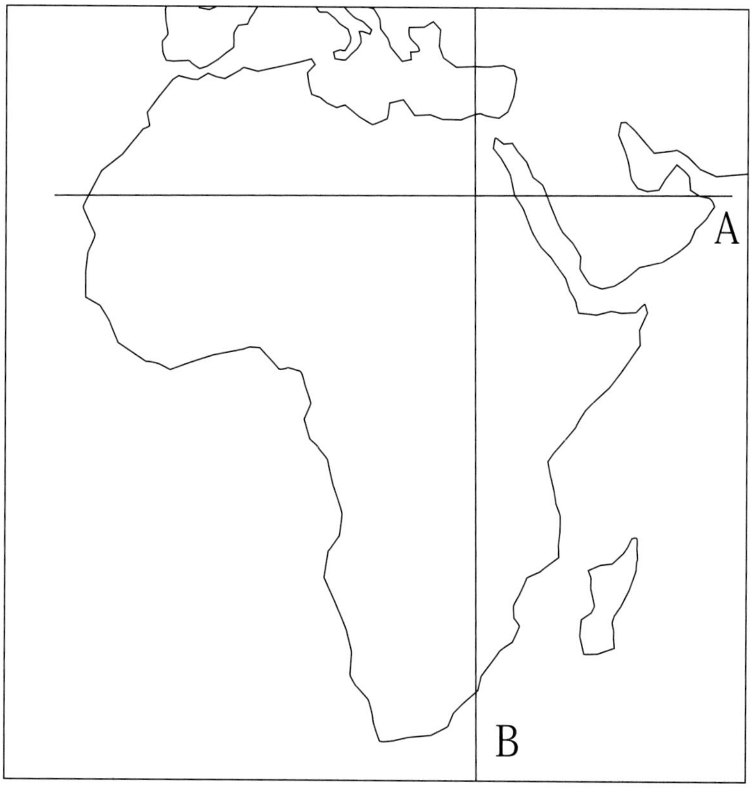

	A	B
①	北緯 50 度線	本初子午線
②	北回帰線	本初子午線
③	北緯 50 度線	東経 30 度線
④	北回帰線	東経 30 度線

問 19 日本で女性に選挙権が与えられた背景として正しいものを，次の①～④の中から一つ選びなさい。 **26**

① 高度成長を契機に，女性の社会進出が活発になった。

② ヨーロッパからの自由民権思想の影響で，国民の自由と権利の要求が強まった。

③ 女性差別撤廃条約に基づき，男女平等を目指す社会の雰囲気が高まった。

④ アメリカを中心とした連合国軍最高司令官総司令部（GHQ）による婦人解放が行われた。

問 20 1999 年に制定された地方分権一括法では，地方自治体を国の下部機関のように位置付けていることへの批判から機関委任事務を撤廃し，地方自治体の事務が自治事務と法定受託事務に整理された。法定受託事務の例として正しいものを，次の①～④の中から一つ選びなさい。 **27**

① 都市計画の決定

② 旅券の交付

③ 病院の開設許可

④ 飲食店営業の許可

問 21 日本の司法制度に関する記述として最も適当なものを，次の①～④の中から一つ選びなさい。 **28**

① 高等裁判所と地方裁判所は下級裁判所に属する。

② 最高裁判所裁判官は内閣が任命するが，罷免することも可能である。

③ 国民が国によって被害を受けた場合には，行政裁判所を設置し，裁判を行う。

④ 憲法裁判所には法律や条例が憲法に適合しているかを判断する違憲立法審査権がある。

問 22 幸福を人生や社会の最大目的とし,「最大多数の最大幸福」を原理とする倫理・政治学説を何というか, 適当なものを, 次の①〜④の中から一つ選びなさい。 **29**

① 民主主義

② 功利主義

③ 社会主義

④ 自由主義

問 23 先進国が主導する GATT 体制に対し, 発展途上国に配慮した世界経済秩序を形成するため, 1964 年に設立された機関を何というか, 次の①〜④の中から一つ選びなさい。

30

① OECD

② UNCTAD

③ ASEAN

④ IBRD

問 24 1993 年, マーストリヒト (Maastricht) 条約によって EU が発足した。EU に関する記述として**適当でないもの**を, 次の①〜④の中から一つ選びなさい。 **31**

① イギリスを中心とした EFTA (欧州自由貿易連合) に対抗して結成された。

② 単一通貨ユーロが導入され, 経済統合がさらに進展した。

③ 欧州市民権が確立されるなど政治統合が進められた。

④ 国家主権の一部を委譲することを前提に, 域外に対する統一的な通商政策をとっている。

問 25 19 世紀の前半，イギリスは中国（清）に対する貿易赤字を解消するために三角貿易を行った。それに関する記述として**適当でないもの**を，次の①～④の中から一つ選びなさい。 **32**

① 清の茶がイギリスに輸出された。

② インドのアヘンが清に密輸された。

③ イギリスの綿織物が清に輸出された。

④ 清の銀がインドに流出した。

問 26 19 世紀の後半にドイツやアメリカでは第二次産業革命が起きた。第二次産業革命がもたらした影響として**適当でないもの**を，次の①～④の中から一つ選びなさい。 **33**

① 巨大企業の登場によって市場が支配されるようになった。

② アメリカ大陸への移民が急激に増加した。

③ 植民地の獲得競争が激化した。

④ 動力の発展につながり石炭を利用した蒸気機関が発明された。

問 27 1880 年代のアフリカは，ヨーロッパ諸国による植民地争奪戦の渦中にあり，いたるところで利害対立が起こっていた。そこでベルリン会議が開かれたが，その内容として適当なものを，次の①～④の中から一つ選びなさい。 **34**

① イギリスは縦断政策，フランスは横断政策が国際的に認められた。

② 会議の結果，エチオピア（Ethiopia）はイタリアの植民地とされた。

③ ドイツのヴィルヘルム 2 世（Wilhelm II）の提唱により会議が開かれた。

④ ある地域を最初に占領した国がその地域の領有権をもつことになった。

問 28 第一次世界大戦（WWI）で使用された**新兵器ではないもの**を，次の①～④の中から一つ選びなさい。 **35**

① 戦車
② 水素爆弾
③ 航空機
④ 潜水艦

問 29 1959 年のキューバ革命に関する記述として最も適当なものを，次の①～④の中から一つ選びなさい。 **36**

① 農地改革を行い，キューバの大半を占めていた米国系企業の土地を接収した。
② ソ連からの脱却を目指す民主化運動であったが，ワルシャワ条約機構の介入で失敗した。
③ フィデル・カストロ（Fidel Alejandro Castro）が主導した社会主義革命であったが，ソ連（USSR）とは異なる路線を歩むことになった。
④ イスラム化を求める革命であり，反米や反キリスト教を掲げていた。

問 30 1955 年，第二次世界大戦（WWII）後に独立したインド首相のネルー（Nehru），インドネシア大統領のスカルノ（Sukarno），中華人民共和国首相の周恩来，エジプト大統領のナセル（Nasser）らが中心となって開催した会議は何か，次の①～④の中から一つ選びなさい。 **37**

① ブレトンウッズ会議
② アジア・アフリカ（AA）会議
③ ミュンヘン会議
④ 中東平和会議

問 31「政治の安定」の必要性から，強権的支配のもとで政治運動や国民の政治参加を著しく制限しながら近代化を強行する，主にアジア諸国で見られた体制を何というか。最も適当なものを，次の①～④の中から一つ選びなさい。 **38**

① 全体主義

② 開発独裁

③ ファシズム

④ 権威主義

第7回

模擬テスト

総合科目
(80分)

問 1　次の文章を読み，下の問い（1）～（4）に答えなさい。

1沖縄は日本列島の南，琉球諸島にある地域である。さらに南にある八重山諸島は熱帯雨林気候であり，その他の地域は2温暖湿潤気候である。もともと琉球王国として独自の文化を維持していたため，日本本土とは異なる文化や慣習がある。沖縄は現代に入り，しばらく米軍の支配下に置かれていた。その後3日本の首相とアメリカの大統領が4ワシントンD.Cで会議を開き，日本への返還を決定し，1972 年に本土復帰を果たしたのである。

(1) 下線部 1 に関して，沖縄の経度と緯度として適当なものを，次の①～④の中から一つ選びなさい。（ただし，那覇市にある沖縄県庁を基準とする）　**1**

	緯度	経度
①	北緯 26 度	東経 127 度
②	北緯 26 度	東経 147 度
③	南緯 26 度	東経 127 度
④	南緯 26 度	東経 147 度

(2) 下線部 2 に関して，温暖湿潤気候がみられる都市として最も適当なものを，次の①～④の中から一つ選びなさい。　**2**

① ニューヨーク（New york）

② サンフランシスコ（San Francisco）

③ ロンドン（London）

④ パリ（Paris）

(3) 下線部３に関して，1969 年に沖縄の返還を決定した日本の首相とアメリカの大統領の組み合わせとして正しいものを，次の①～④の中から一つ選びなさい。 **3**

	日本の首相	アメリカの大統領
①	吉田茂	トルーマン
②	吉田茂	ニクソン
③	佐藤栄作	トルーマン
④	佐藤栄作	ニクソン

注）トルーマン（Harry S. Truman）
ニクソン（Richard Milhous Nixon）

(4) 下線部４に関して，ワシントン D.C に関する記述として適当なものを，次の①～④の中から一つ選びなさい。 **4**

第７回

① ワシントン D.C はアメリカの 50 の州のいずれにも属さない。

② アメリカの立法と司法の中心であるが，行政府はニューヨークにある。

③ 国際連合や国際労働機関（ILO）の本部が位置している。

④ アメリカ西岸に位置しており地中海性気候（Cs）がみられる。

問 2　次の文章を読み，下の問い（1）～（4）に答えなさい。

スペイン（Spain）は 1975 年，フランコ（Francisco Franco）の独裁政治から₁立憲君主制への改革が行われた。かつてスペインは南米地域を植民地化し，多くの国の宗主国となった。現在は国内における₂民族の独立運動が激しく，2017 年にはカタルーニャ（Catalonia）で独立の賛否をめぐる住民投票が行われた。イベリア半島（Iberian Peninsula）に位置し，₃ピレネー山脈（Pyrenees）を境界にフランス（France）と隣接しており，北西部には₄リアス式海岸がみられる。

(1) 下線部 1 に関して，スペインのように立憲君主制を採用している国として適当なものを，次の①～④の中から一つ選びなさい。　**5**

① フランス
② モロッコ（Morocco）
③ スイス（Switzerland）
④ ロシア（Russia）

(2) 下線部 2 に関して，様々な民族による独立運動が世界各地で行われている。それに関する記述として適当なものを，次の①～④の中から一つ選びなさい。　**6**

① アイルランド（Ireland）から独立を果たしたスコットランド（Scotland）は近年イギリスへの併合を求めている。
② イタリア（Italy）ではオランダ（Netherland）語を使用する北部のフランドル（Flanders）地方による独立運動が起きている。
③ フランス語話者が多いケベック州（Quebec）は議会を通じてカナダ（Canada）から独立しようとする動きがある。
④ ドイツ（Germany）の北側にあるバスク（Basque）地方は民族と言語の違いからドイツからの分離独立運動を展開している。

(3) 下線部３に関して，スペインとフランスの国境にあるピレネー山脈のように，世界各地では隣接している国の境界に山脈がまたがっている場合が多い。その例として**誤っているもの**を，次の①～④の中から一つ選びなさい。 **7**

	隣接している国	山脈
①	チリとアルゼンチン	アンデス山脈
②	ノルウェーとスウェーデン	スカンジナビア山脈
③	ロシアとトルコ	ウラル山脈
④	スイスとイタリア	アルプス山脈

注）チリ（Chile）　アルゼンチン（Argentina）
ノルウェー（Norway）　スウェーデン（Sweden）
アンデス山脈（Andes Mountains）
スカンジナビア山脈（Scandinavian Mountains）

(4) 下線部４に関して，リアス式海岸を表している図として最も適当なものを，次の①～④の中から一つ選びなさい。 **8**

①

②

③
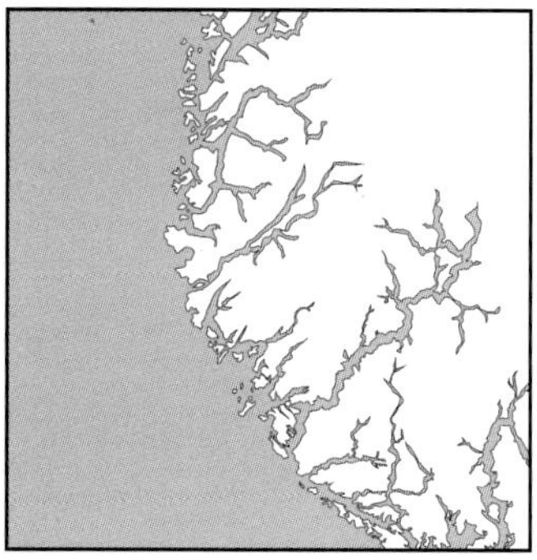

④

問3　次の文章を読み，下の問い（1）～（2）に答えなさい。

株式会社とは，株式を発行して投資家から大量の資金を調達し，その資金を利用して事業活動を行う企業である。[a]の株を発行し，[b]の資金を運用するのである。株式を購入するということは出資を行うことであり，それによって出資者すなわち₁株主になる。

(1) [a]と[b]に入る言葉の組み合わせとして適当なものを，次の①～④の中から一つ選びなさい。　**9**

	a	b
①	高額面	高額
②	高額面	低額
③	低額面	低額
④	低額面	高額

(2) 下線部1に関して，株式会社の株主に関する記述として適当なものを，次の①～④の中から一つ選びなさい。　**10**

① 株主は株主総会に出席する義務を負う。

② 株主は企業の支配と企業利潤に参与する権限を持つ。

③ すべての株主は平等主義に基づき，一人一票の議決権を持つ。

④ 株主は企業を所有するが，経営方針には関わりを持たない。

問4 価格の変化による需要量の変化の度合いを需要の価格弾力性という。次の①〜④のうち，最も弾力的なグラフを選びなさい。 **11**

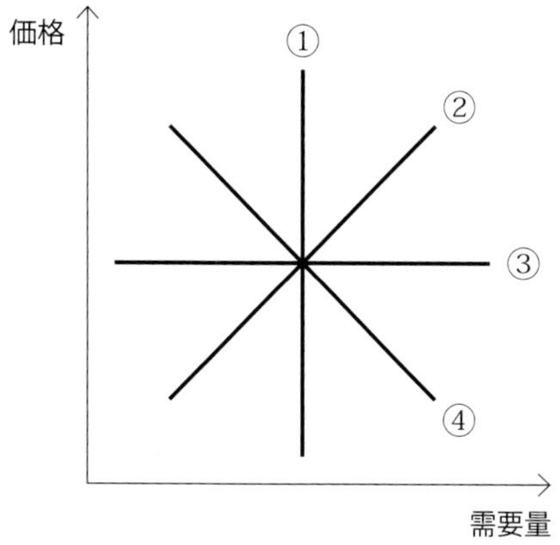

問5 次の表はアメリカ，日本，中国，サウジアラビア（Saudi Arabia）における外貨準備高を表している。A〜Dに当てはまる国名の組み合わせとして最も適当なものを，次の①〜④の中から一つ選びなさい。 **12**

（百万ドル）

	1990年	2000年	2010年	2020年
A	34,476	171,763	2,913,712	3,357,241
B	87,828	361,639	1,104,564	1,390,809
C	173,094	128,400	488,928	628,370
D	13,437	20,847	459,313	472,851

『データブック・オブ・ザ・ワールド 2022』より作成

	A	B	C	D
①	アメリカ	日本	中国	サウジアラビア
②	中国	日本	アメリカ	サウジアラビア
③	日本	アメリカ	サウジアラビア	中国
④	中国	アメリカ	サウジアラビア	日本

問 6 日本の租税と税制に関する記述として適当なものを，次の①～④の中から一つ選びなさい。 **13**

① 第二次世界大戦（WWII）後にドッジ・ライン（Donge Line）が実施されて初めて課税制度が始まった。

② 消費税は高度成長期にはじめ 3％で導入され，バブル期に 8％へと引き上げられた。

③ 法人税は法人企業が払う税金であり，現在の税収は所得税や消費税より低い水準である。

④ 所得税は他の税金より，景気の影響を受けないため，安定的な税収が可能である。

問 7 次の文章を読み，空欄 a ～ d に当てはまる語の組み合わせとして正しいものを，次の①～④の中から一つ選びなさい。 **14**

円高とは，円 1 単位で交換できる他国の通貨の単位数が相対的に a ことである。たとえば，手元にある 1 万円をドルに換えるとする。為替相場が 1 ドル =100 円であれば，1 万円を 100 で割って 100 ドルになる。しかし，もし 1 ドル =80 円であれば，1 万円は b になり，1 ドル =125 円であれば， c になる。従って，1 ドルが 125 円の場合は 1 ドル 80 円の場合より d である。

	a	b	c	d
①	多くなる	125 ドル	80 ドル	円安
②	多くなる	80 ドル	125 ドル	円高
③	少なくなる	125 ドル	80 ドル	円安
④	少なくなる	80 ドル	125 ドル	円高

問 8 経済においてフロー（Flow）は一定期間の変化，ストック（Stock）は一時点の残高を表す。ストックに当てはまるものとして正しいものを，次の①～④の中から一つ選びなさい。 **15**

① 国際収支

② 国民総所得（GNI）

③ 政府債務額

④ 政府支出

問 9 主な経済学者に関する説明として**正しくないもの**を，次の①～④の中から一つ選びなさい。 **16**

① 『資本論』を著したマルクス（Marcus）は恐慌・失業などを資本主義の矛盾として批判した。

② アダム・スミス（Adam Smith）は開発途上国が工業化を図るためには，自国の幼稚産業を政府が保護するべきだと主張した。

③ マルサス（Malthus）は，人口は幾何級数的に増加するため，人口増加は食糧供給の増加を上回ると主張した。

④ ケインズ（Keynes）は有効需要の不足が不況の原因であるとし，政府の積極的介入によって完全雇用を達成できると説いた。

問 10「市場の失敗」の例として**正しくないもの**を，次の①～④の中から一つ選びなさい。 **17**

① 工場の建設により，周囲の生活環境が被害を受ける。

② 消防・公園などの公共財が十分に供給されない。

③ 同種業界の企業が市場の独占目的で価格・生産計画に関して協定を結ぶ。

④ 特定の商品の人気が急上昇し，品薄になることで値段が急騰する。

問 11 次の表は 2019 年における，小麦ととうもろこしの輸出と輸入における国別順位をそれぞれ表している。A，B に当てはまる国名の組み合わせとして正しいものを，次の①～④の中から一つ選びなさい。 **18**

	小麦		とうもろこし	
	輸出	輸入	輸出	輸入
1 位	ロシア	インドネシア	ブラジル	B
2 位	A	エジプト	A	メキシコ
3 位	カナダ	トルコ	アルゼンチン	ベトナム
4 位	フランス	イタリア	ウクライナ	韓国
5 位	ウクライナ	フィリピン	ルーマニア	スペイン

『データブック・オブ・ザ・ワールド 2022』より作成

注）ロシア（Russia）
カナダ（Canada）
インドネシア（Indonesia）
エジプト（Egypt）
アルゼンチン（Argentina）
ブラジル（Brazil）
ウクライナ（Ukraine）

	A	B
①	アメリカ	日本
②	中国	アメリカ
③	アメリカ	中国
④	中国	日本

問 12 フィヨルド（fjord）に関して説明した次の文章中の下線部の①～④には**誤った記述**が含まれているものが一つある。その箇所として最も適当なものを，①～④の中から一つ選びなさい。 **19**

フィヨルドは，①氷河の侵食作用によって形成された複雑な地形をいう。侵食作用によって地表は② U 字状に削られることが多い。フィヨルドがよく見られるところにはノルウェーやアイスランドなどがあるが，③南半球にも分布している。フィヨルド地形は④地球温暖化の悪影響で消滅する可能性が高く，憂慮されている。

問 13 次のグラフは 2019 年におけるサトウキビ・コーヒー・カカオ豆の地域別生産量の割合を表している。A に当てはまる大陸として適当なものを，次の①～④の中から一つ選びなさい。 **20**

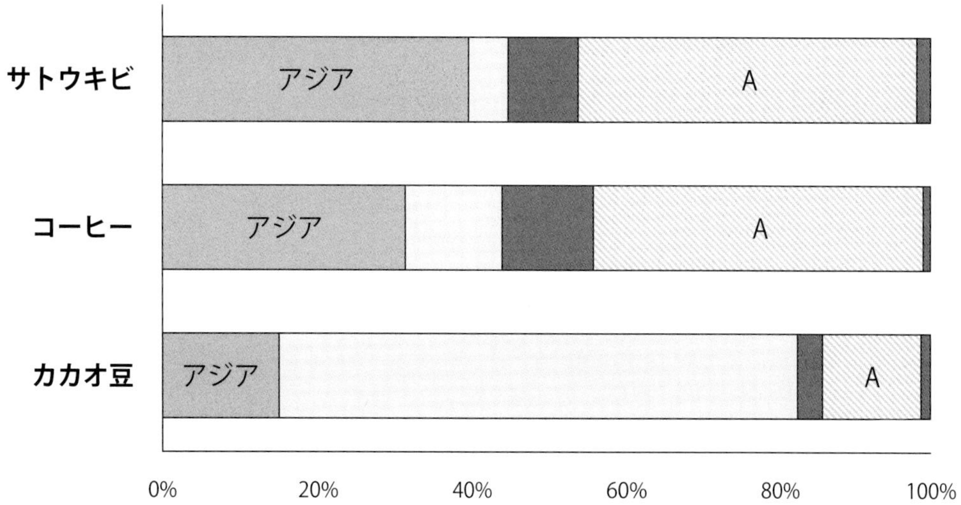

『データブック・オブ・ザ・ワールド 2022』より作成

① アフリカ

② ヨーロッパ

③ 南アメリカ

④ 北アメリカ

第7回

問 14 次の図はケッペン（Köppen）の気候区分の模式図が描かれたものの中で，同じ緯度の陸地を寄せ集めて表現された仮想大陸である。A 地域の気候に関する記述として適当なものを，次の①～④の中から一つ選びなさい。 **21**

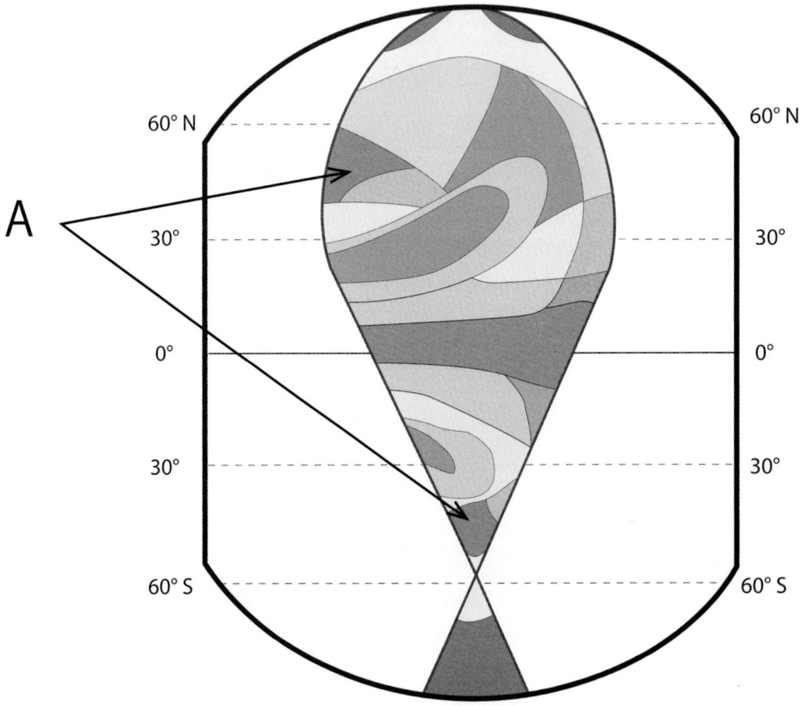

① 針葉樹林帯のタイガが分布している。

② 温帯気候であり，暖流や偏西風の影響で冬でもあまり温度が下がらない。

③ 夏季に降水量が集中しており，気温の年較差が大きい。

④ 常緑広葉樹が主な植生で，気温の年較差がほとんどない。

問 15 下の図の中でＡ地点とＢ地点に関する記述として適当なものを，下の①～④の中から一つ選びなさい。 **22**

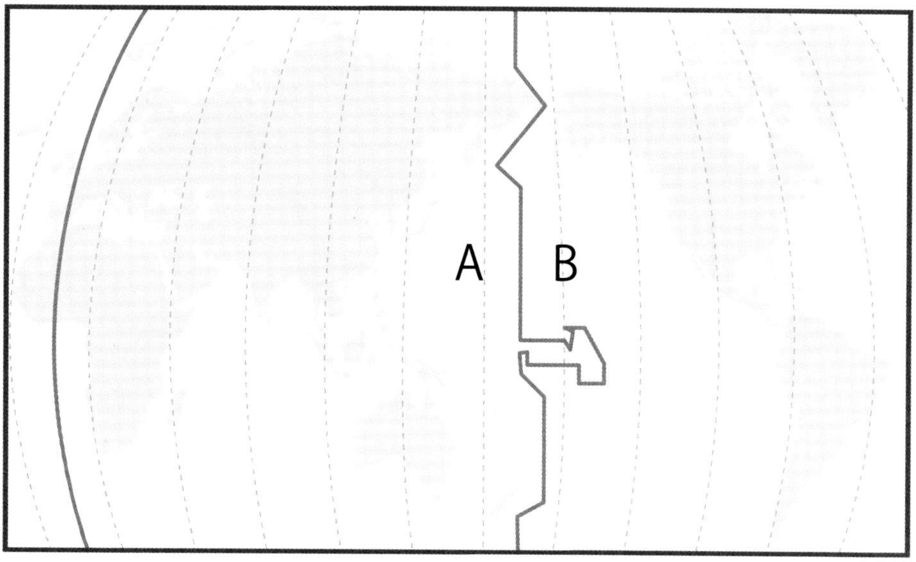

① Ａ地点からＢ地点に移動すると日付が一日進む。

② Ａ地点が夏の場合，Ｂ地域は冬になる。

③ Ａ地点はＢ地点より，日付が変わるのが早い。

④ Ａ地点は西経であり，Ｂ地点は東経である。

問 16 次の図は，東京を中心とする正距方位図法で描かれた地図である。A 地点として適当な都市を，下の①～④の中から一つ選びなさい。 **23**

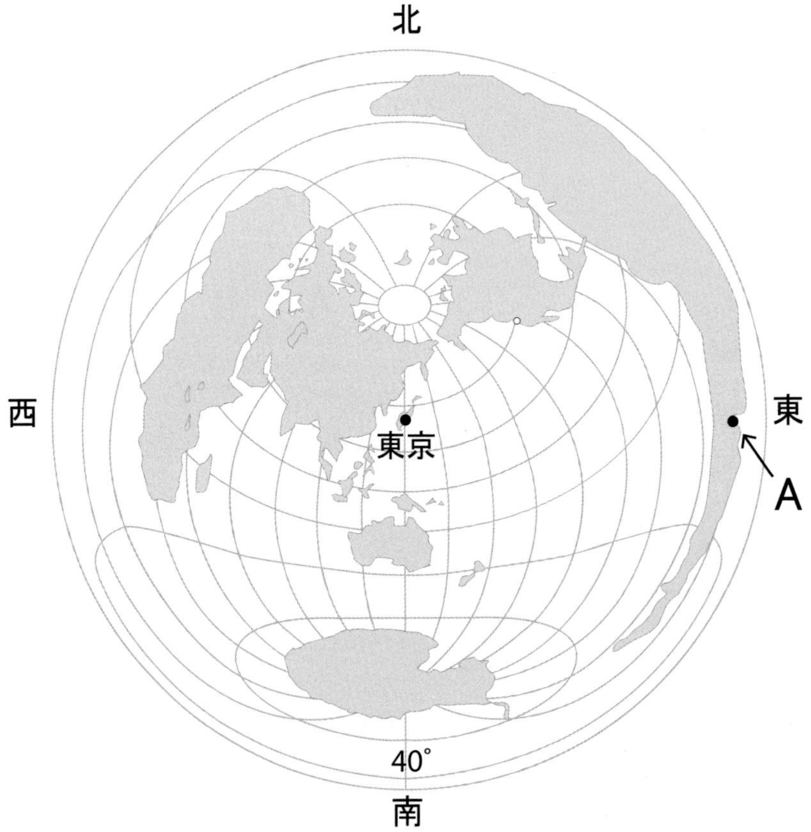

① ニューヨーク（New York）

② サンフランシスコ（San Francisco）

③ ブエノスアイレス（Buenos Aires）

④ カイロ（Cairo）

問 17 次の日本地図中の A 県に関する記述として**適当でないもの**を，次の①～④の中から一つ選びなさい。 **24**

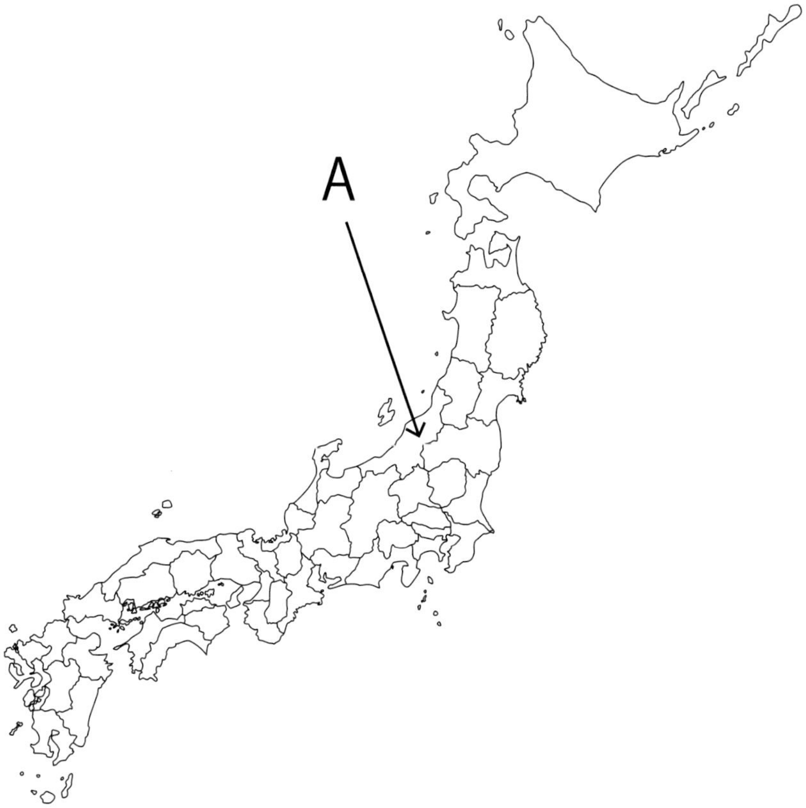

① 日本で最も米の生産が多い県である。

② 東京から県 A まで走る新幹線がある。

③ 冬季には東京より降水量が多い。

④ 寒流の影響で夏は涼しく，冬は雪が多く降る。

第 7 回

問 18 石灰岩などの水に溶解しやすい岩石で構成された大地が雨水，地表水，土壌水，地下水などによって侵食されてできた地形をカルスト地形という。カルスト地形の例として最も適当なものを，次の①～④の中から一つ選びなさい。 **25**

① ドリーネ

② カルデラ

③ 海岸段丘

④ 砂嘴

問 19 アメリカの政治制度に関する記述として最も適当なものを，次の①～④の中から一つ選びなさい。 **26**

① 連邦議会は二院制であり，上院と下院がそれぞれ権力を有している

② 大統領には法案拒否権がないが，法案の提出権は有している。

③ 大統領に権力が集中しているため，三権分立が徹底していない。

④ 国民が直接選挙を通じて大統領を選出する。

問 20 日本の議院内閣制における内閣の権限として**適当でないもの**を，次の①～④の中から一つ選びなさい。 **27**

① 外交関係の処理

② 法律の執行

③ 恩赦の決定

④ 条例の制定

問21 次のグラフは2019年のスウェーデン（Sweden）・アイスランド（Iceland）・カナダ・日本における女性の社会参加度を表すジェンダーギャップ指数（GGI）である。この指数は，経済，教育，健康，政治の4つの分野のデータから作成され，0が完全不平等，1が完全平等を意味する。日本に当てはまるものを，下の①～④の中から一つ選びなさい。 **28**

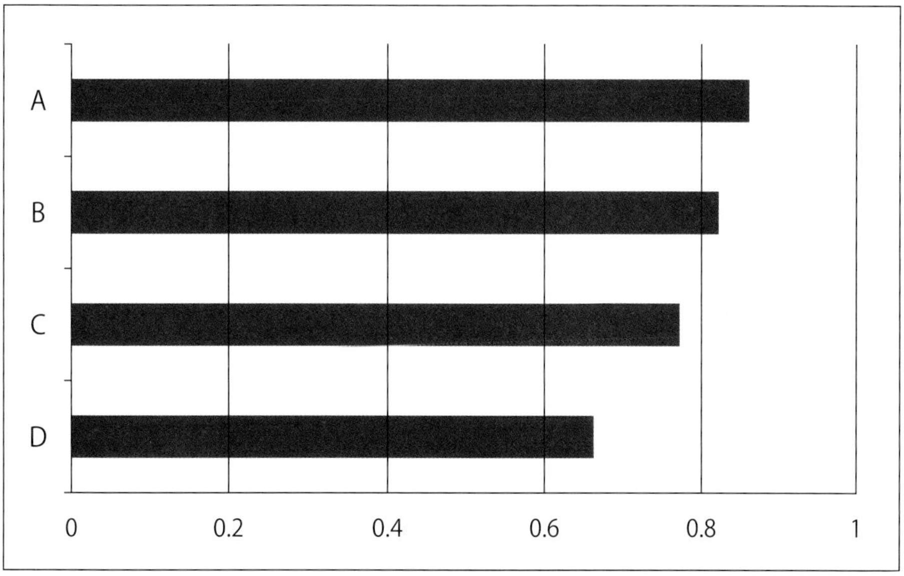

『内閣府男女共同参画ホームページ』より作成

① A

② B

③ C

④ D

問 22 1946 年に GHQ（連合国軍最高司令官総司令部）が日本に示したマッカーサー（MacArthur）草案は現在の日本国憲法に多くが受け継がれた。マッカーサー草案に**含まれていないもの**として適当なものを，次の①～④の中から一つ選びなさい。 **29**

① 国民主権

② 天皇制の存続

③ 戦争放棄

④ 四民平等

問 23 二大政党制になりやすい選挙制度として最も適当なものを，次の①～④の中から一つ選びなさい。 **30**

① 小選挙区制

② 比例代表制

③ 大選挙区制

④ 小選挙区比例代表並立制

問 24 日本の防衛における基本方針として**適当ではないもの**を，次の①～④の中から一つ選びなさい。 **31**

① 先制攻撃を行わない専守防衛

② 文民たる政治家が軍隊を統制するという文民統制

③「持たず・作らず・持ち込ませず」の非核三原則

④ 国際平和のための貢献

問 25 次の文章はある文書の一節である。この文書の名称として正しいものを，次の①～④の中から一つ選びなさい。 **32**

「経済生活の秩序は，すべての者に人間たるに値する生活を保障する目的をもつ正義の原則に適合しなければならない。この限度内で個人の経済的自由は，確保されなければならない。」

① フランス人権宣言
② ワイマール憲法
③ アメリカ独立宣言
④ 権利章典

問 26 第一次世界大戦（WWI）中，もしくは第一次世界大戦によって**消滅した帝国ではないもの**を，次の①～④の中から一つ選びなさい。 **33**

① ロシア帝国（Russian Empire）
② オーストリア・ハンガリー帝国（Austria-Hungary）
③ 神聖ローマ帝国（Holy Roman Empire）
④ ドイツ帝国（German Empire）

問 27 19 世紀は欧米諸国列強によるアフリカ分割が行われた帝国主義の時代であった。この時代，アフリカ分割に**参加しなかった国**を，次の①～④の中から一つ選びなさい。 **34**

① ドイツ
② フランス
③ ロシア
④ イタリア

問 28 19 世紀のドイツ統一に関する記述として最も適当なものを，次の①～④の中から一つ選びなさい。 **35**

① 複合民族国家であるオーストリアを中心とする大ドイツ主義により統一された。

② カルボナリ（Carbonari）党による統一運動が展開されたが失敗した。

③ 1848 年に開かれたフランクフルト国民議会（Frankfurt Parliament）によって関税同盟が結ばれ統一が進展した。

④ ビスマルク（Otto Von Bismarck）が率いるプロイセン（Prussia）がフランスに勝利したことで統一が達成された。

問 29 第一次世界大戦（WWI）前後の出来事 A ～ D を年代順に並べたものとして正しいものを，下の①～④の中から一つ選びなさい。 **36**

A：サライェヴォ（Sarajevo）事件発生
B：ロシアのニコライ二世の（Nicholas II of Russia）退位
C：ワイマール共和国（Weimar Republic）の建設
D：ワシントン会議（Washington Naval Conference）の開催

① A → B → C → D

② B → D → A → C

③ C → A → D → B

④ D → B → A → C

問 30 1945 年のヤルタ（Yalta）会談に関する記述として最も適当なものを，次の①～④の中から一つ選びなさい。 **37**

① 日本の無条件降伏を求める宣言が採択された。

② 国際連盟に代わる国際連合の設立が決定された。

③ ドイツや東欧の戦後処理など第二次世界大戦（WWII）後の国際秩序が決められた。

④ ズデーテン（Zudeten）地域の帰属をめぐるイギリス・フランス・イタリア・ドイツの首脳会議であった。

問 31 日米修好通商条約に関する記述として最も適当なものを，次の①～④の中から一つ選びなさい。 **38**

① 日米修好通商条約により，日本の国内経済は大打撃をうけ，明治政府に対する不満が募った。

② 日米修好通商条約はアメリカ人に日本の法制がまったく及ばない不平等条約であった。

③ 日米修好通商条約によりアメリカと日本との往来に自由が与えられ，日本からアメリカへの移住が増えた。

④ 日米修好通商条約は領事裁判権をアメリカに認める不平等条約であったが，関税自主権は双方に与えられた。

memo

第8回

模擬テスト

総合科目
(80分)

問1　次の会話を読み，下の問い（1）～（4）に答えなさい。

よし子：2018年12月にG20首脳会議が開かれましたね。

先　生：1<u>アルゼンチン（Argentina）のブエノスアイレス（Buenos Aires）</u>で開かれたね。

よし子：そこで北米における新しい貿易協定の署名式があったそうです。

先　生：そうだね。NAFTAに代わる新協定のための2<u>再交渉</u>が行われたみたいだね。

よし子：これもトランプ（Donald Trump）大統領の3<u>保護貿易主義の政策</u>の一環ですかね。

先　生：そうだね。アメリカ（USA）は4<u>貿易赤字の国家</u>だしね。

(1) 下線部1に関して，ブエノスアイレスの位置を，下の地図中の①～④の中から一つ選びなさい。　**1**

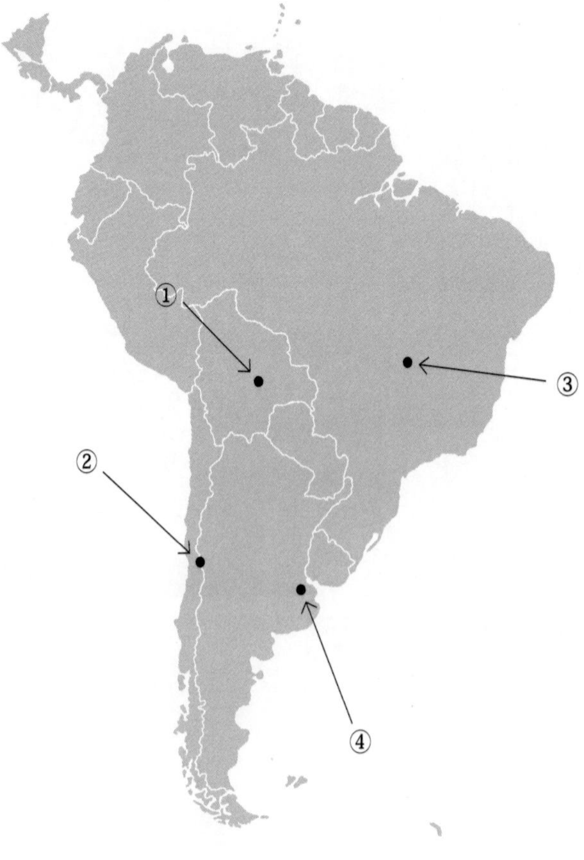

(2) 下線部２に関して，NAFTA に代わる新協定のための再交渉が行われた理由として最も適当なものを，次の①～④の中から一つ選びなさい。 **2**

① アメリカから物価の安いカナダ（Canada）への移民が急増し，アメリカの人口の減少が目立ったため

② アメリカの企業が賃金の安いメキシコ（Mexico）に移転し，アメリカ国内の労働需要が減少したため

③ メキシコの安い乳製品がアメリカに輸入され，アメリカの酪農業が打撃を受けたため

④ NAFTA によって国境を超える移動が自由になり，移民が増加したことで，アメリカ国内の治安が急激に悪化したため

(3) 下線部３と関連し，保護貿易の例として**適当ではないもの**を，次の①～④の中から一つ選びなさい。 **3**

① 自国産業を育成するために非関税障壁を撤廃する。

② 域外地域に対して排他的なブロック経済を行う。

③ 大幅な貿易赤字を懸念し，他国とは異なる国内規格を設けて輸入を制限する。

④ 自国企業に補助金を交付して輸出を促進する。

(4) 下線部 4 に関して，2022 年現在，アメリカの最大貿易赤字相手国はどこか，次の①～④の中から一つ選びなさい。 **4**

① 日本

② 中国

③ カナダ

④ ヨーロッパ連合（EU）

問2　次の文章を読み，下の問い（1）～（4）に答えなさい。

ノーベル賞（Nobel Prize）は，化学者であり，ダイナマイトの発明者であったアルフレッド・ノーベル（Alfred Bernhard Nobel）の遺産を基金として1901年から始まった賞である。物理，化学，生理学・医学，文学，平和の6分野において文明の発達に貢献した人物を選定し，授与する。**1**ノーベル経済学賞は，ノーベル基金とは別に1968年に**2**スウェーデン国立銀行の創立記念として新設された。受賞者の選定はスウェーデンの三つの機関がそれぞれ分野を分担して行うが，**3**ノーベル平和賞だけは同じ半島の隣国である［ a ］のノーベル委員会で行っている。

(1) 下線部1に関して，1976年ノーベル経済学賞を受賞した人物で，マネタリストと言われ，政府の財政政策に反対し，経済において最も大事なのは最大限度の経済的自由を保障することだと論じた経済学者は誰か，次の①～④の中から一つ選びなさい。　**5**

① ミルトン・フリードマン（Milton Friedman）

② アダム・スミス（Adam Smith）

③ ケインズ（John Maynard Keynes）

④ シュンペーター（Joseph Alois Schumpeter）

(2) 下線部2に関して，スウェーデンの政治制度に関する記述として最も適当なものを，次の①～④の中から一つ選びなさい。　**6**

① 国王と議会は存在するが，政党は一つしかない。

② 政党は多数存在するが，議会は一院制を採用している。

③ 憲法は存在するが，行政府と立法府の権力が分離されていない。

④ 憲法と国王が存在し，国王は議会に対して連帯責任を負う。

(3) 下線部３に関して，歴代のノーベル平和賞受賞者とその業績の組み合わせとして適当なものを，次の①～④の中から一つ選びなさい。 **7**

	受賞者	業績
①	パグウォッシュ会議	自然環境の保護
②	ネルソン・マンデラ	核兵器撤廃運動
③	マーティン・ルーサー・キング Jr.	人種偏見を終わらせるための非暴力抵抗運動
④	ミハイル・ゴルバチョフ	キューバ危機の平和的解決や核兵器廃絶に貢献

注）パグウォッシュ会議（Pugwash Conferences）
ネルソン・マンデラ（Nelson Rolihlahla Mandela）
マーティン・ルーサー・キング・ジュニア（Martin Luther King, Jr.）
ミハイル・ゴルバチョフ（Mikhail Gorbachev）

(4) 空欄 a に入る国として適当なものを，次の①～④の中から一つ選びなさい。

8

① イギリス

② フィンランド（Finland）

③ ドイツ

④ ノルウェー（Norway）

問 3　次の文章を読み，下の問い（1）～（2）に答えなさい。

1990 年代の日本経済はバブル崩壊から平成不況に陥った。特に 1 1997 年度の経済成長率は -0.7%を記録し，98 年には -1.9%まで落ち込んだのである。特に銀行による 2 貸し渋りが発生し，さらに経済を悪化させた。

(1) 下線部 1 に関して，1990 年代後半の不況を克服するため行われた政策として適当なものを，次の①～④の中から一つ選びなさい。 **9**

① 消費を活性化させるため，消費税を 5%から 3%に引き下げた。

② 一部の金融機関に対して公的資金が注入された。

③ 戦後初めて国債を発行し，積極的に公共事業を行った。

④ 政策金利を引き上げ，海外から日本への投資を奨励した。

(2) 下線部 2 に関して，銀行による貸し渋りが発生すると経済にどのような影響を与えるか，最も適当なものを，次の①～④の中から一つ選びなさい。 **10**

① 不良債権がさらに増える。

② 企業による設備投資が減少する。

③ 地価がさらに高騰する。

④ 物価が上昇し，家計に負担をかける。

問4 次のグラフは2018年における日本・フランス・スウェーデン・アメリカの社会保障負担率および租税負担率を表している。アメリカ（USA）に当てはまるものを，下の①～④の中から一つ選びなさい。 **11**

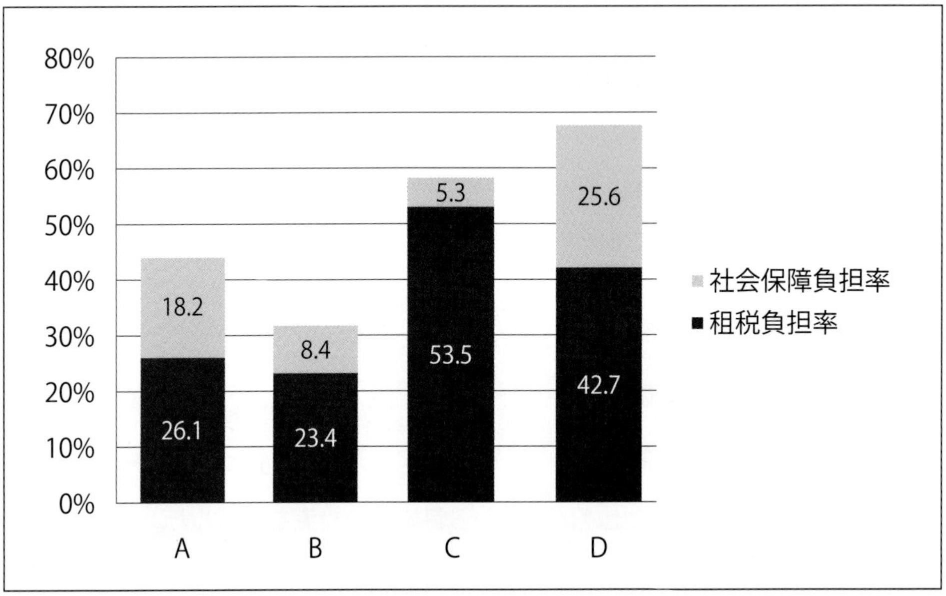

『財務省ホームページ』より作成

① A

② B

③ C

④ D

問5 次の表は日本の歳出における内訳の変化を示している。A～Dの項目の組み合わせとして最も適当なものを，次の①～④の中から一つ選びなさい。 **12**

（単位：兆円）

	1990年	2021年
A	25.1	26.1
B	11.6	35.8
C	15.3	15.9
D	14.3	23.8

注）予算をベースとしている。

『財務省ホームページ』より作成

	A	B	C	D
①	公共事業・教育・防衛など	社会保障	地方交付税交付金	国債費
②	国債費	公共事業・教育・防衛など	社会保障	地方交付税交付金
③	国債費	地方交付税交付金	公共事業・教育・防衛など	社会保障
④	地方交付税交付金	公共事業・教育・防衛など	社会保障	国債費

問6 次の文章は需要や供給の価格弾力性に関する記述である。文章中の空欄[a]，[b]に当てはまる語の組み合わせとして適当なものを，次の①～④の中から一つ選びなさい。

13

価格変化率に対する需要の変化率を需要の価格弾力性という。価格の変化による需要の変化率が高い場合，弾力的であるという。生活必需品の場合，ぜいたく品に比べ需要は[a]である。また所得に比べてその価値が低いガムやペンなどは自動車など高価な製品より[b]である。

	a	b
①	弾力的	弾力的
②	弾力的	非弾力的
③	非弾力的	弾力的
④	非弾力的	非弾力的

問7 完全競争市場や寡占市場に関する記述として**正しくないもの**を，次の①～④の中から一つ選びなさい。

14

① 完全競争市場では様々な品質の商品が豊富に存在すると仮定する。

② 完全競争市場では生産者と消費者との間に情報の差が存在しない。

③ 寡占市場では少数の生産者だけが市場の利益のほとんどを占める。

④ 寡占市場では市場への新規参入が難しい傾向がある。

問 8 景気の調節のために行われる公開市場操作に関する記述として適当なものを，次の①～④の中から一つ選びなさい。 **15**

① 公開市場操作は政府が主体となって行う政策である。

② 公開市場操作は政府の許可を得て中央銀行が行う。

③ 不景気の際には買いオペレーションを行い，有価証券を買い入れる。

④ 好景気の際には売りオペレーションを行い，市中金利の引き下げを誘導する。

問 9 戦後日本の高度成長期を支えてきた日本的雇用形態と最も関係があるものを，次の①～④の中から一つ選びなさい。 **16**

① 所属企業への高い帰属意識

② 派遣労働を中心とした雇用契約

③「即戦力」重視の中途採用や転職

④ 年単位で報酬を決める年俸制

問 10 金本位制について述べた次の文章中の空欄 a ～ c に当てはまる語の組み合わせとして適当なものを，次の①～④の中から一つ選びなさい。 **17**

本位貨幣を「金」とし，一定の量の「金」を通貨の単位とする制度を金本位制という。金本位制のもとで中央銀行は a を発行し，金本位制同士の通貨は，固定相場でレートが設定される。

また，金ドル本位制ともいえるブレトンウッズ（Bretton Woods）体制では金 1 オンスが b であり，1 ドルは 360 円であったので，金 1 オンスは c という計算になる。

	a	b	c
①	兌換紙幣	35 ドル	12,600 円
②	兌換紙幣	38 ドル	10.2 円
③	不換紙幣	35 ドル	10.2 円
④	不換紙幣	38 ドル	12,600 円

問 11 次の表は日本・イギリス・インド（India）・中国におけるインターネット利用者数を国別に示したものである。日本に該当するものを，次の①～④の中から一つ選びなさい。 **18**

	利用者率	利用者数（万人）
A	92.7%	11,504
B	64.6%	68,714
C	41.0%	22,813
D	92.5%	5,816

注）利用者率は 2019 年，利用者数は 2014 年のデータである。

『データブックオブ・ザ・ワールド 2022』より作成

① A
② B
③ C
④ D

第8回

問 12 次の文章を読み，空欄 a ， b に当てはまる語の組み合わせとして適当なものを，次の①～④の中から一つ選びなさい。 **19**

日本には 100 を超える火山が分布している。北海道や東北地方に多数存在するが，阿蘇山などがある a にも多い。阿蘇山は日本を代表する活火山であり，火山の活動によってできた凹地の b が存在する。

	a	b
①	四国地方	カルデラ
②	四国地方	U 字谷
③	九州地方	U 字谷
④	九州地方	カルデラ

問 13 次のグラフは 2020 年の海外における在留日本人数を表している。A と B に当てはまる国名の組み合わせとして適当なものを，次の①～④の中から一つ選びなさい。 **20**

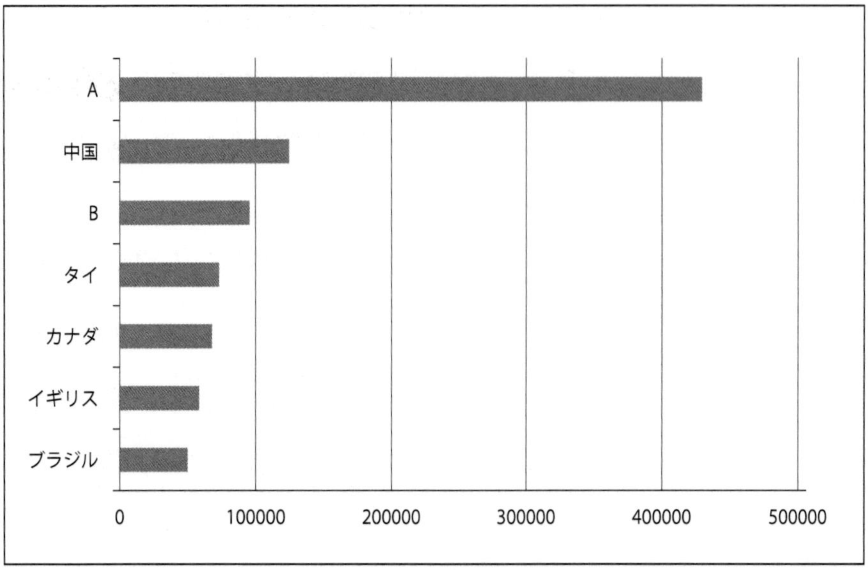

『データブック・オブ・ザ・ワールド 2022』より作成

	A	B
①	韓国	フィリピン（Philippine）
②	アメリカ	オーストラリア（Australia）
③	韓国	オーストラリア
④	アメリカ	フィリピン

問 14 次の表は，2020 年におけるある国の輸出額上位 5 品目とその割合を示したものである。この国として適当なものを，次の①～④の中から一つ選びなさい。 **21**

順位	品目	割合
1 位	パーム油	10.6%
2 位	石炭	8.9%
3 位	機械類	8.9%
4 位	鉄鋼	6.9%
5 位	衣類	4.6%

『データブック・オブ・ザ・ワールド 2022』より作成

① ロシア（Russia）

② イギリス

③ インドネシア（Indonesia）

④ オーストラリア

問 15 次の表は 2019 年における世界の主な国の発電量である。A～Cに該当する国の組み合わせとして適当なものを，下の①～④の中から一つ選びなさい。 **22**

2019	合計（億 kWh）	火力	%	水力	%	原子力	%
A	75,041	50,989	67.9	13,044	17.4	3,484	46.0
アメリカ	43,918	27,451	62.5	3,106	7.1	8,433	19.2
B	6,456	1,165	18.1	3,797	58.8	1,012	15.7
C	2,640	2,120	80.3	160	6.0	-	-

『データブック・オブ・ザ・ワールド 2022』より作成

	A	B	C
①	カナダ	中国	オーストラリア
②	中国	カナダ	オーストラリア
③	オーストラリア	カナダ	中国
④	中国	オーストラリア	カナダ

問 16 A 地点は北緯 60 度，東経 20 度にあり，B 地点は北緯 60 度，東経 40 度にある。C 地点は北緯 40 度，東経 30 度にある。D 地点は南緯 40 度，東経 30 度にある。この場合，A～D 地点の関係について適当なものを，次の①～④の中から一つ選びなさい。

23

① A 地点と B 地点の間の距離は C 地点と D 地点の間の距離とほぼ同じである。

② A 地点と B 地点の間の距離は C 地点と D 地点の間の距離の約 1/8 である。

③ A 地点と B 地点の間の距離は C 地点と D 地点の間の距離の約 1/2 である。

④ A 地点と B 地点の間の距離は C 地点と D 地点の間の距離の約 4 倍である。

問 17 オーストラリアのシドニー（Sydney）は東経 151 度，南緯 33 度に位置している。東京が 1 月 29 日午後 3 時の場合，シドニーは何月何日の何時か。次の①～④の中から一つ選びなさい。（ただし，東京は東経 139 度，北緯 35 度であり，**シドニーのみ夏時間制度をとっている**） **24**

① 1 月 29 日　午後 2 時

② 1 月 29 日　午後 4 時

③ 1 月 29 日　午前 11 時

④ 1 月 29 日　午後 5 時

問 18 次のグラフは，日本の米・小麦・野菜・肉類の食料自給率の推移を表している。A～D の中で肉類に該当するものを，次の①～④の中から一つ選びなさい。 **25**

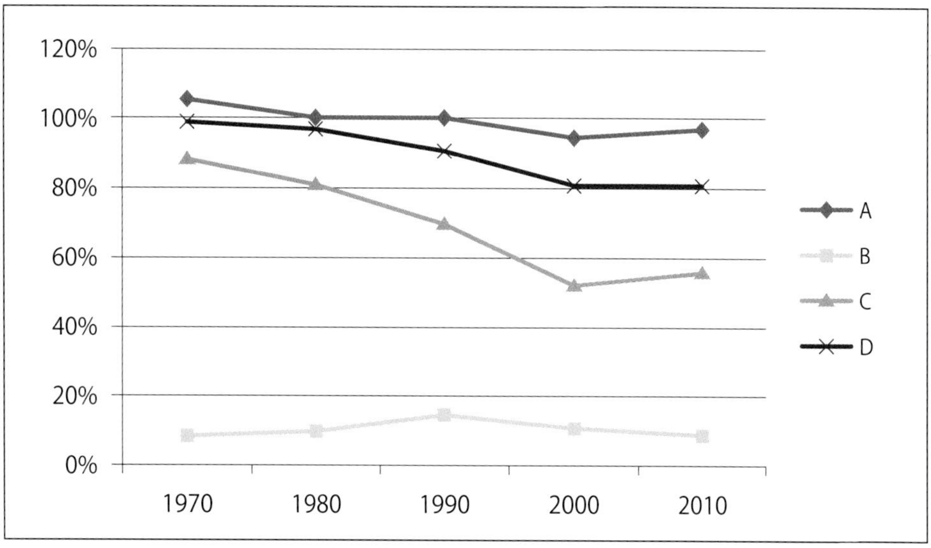

『データブック・ザ・ワールド 2022』より作成

① A

② B

③ C

④ D

問 19 日本の 4 大公害病である水俣病・新潟水俣病・四日市ぜんそく・イタイイタイ病の発生を受けて制定された法律で，事業者・国及び地方自治体の責務を明らかにした法律は何か，次の①～④の中から一つ選びなさい。 **26**

① 環境基本法

② 製造物責任法

③ 公害対策基本法

④ 循環型社会形成推進基本法

問 20 現代では，憲法が制定された時には予想されなかった新たな問題や社会現象が生じている。そのような問題に法的に対応すべく，さまざまな人権が主張されているが，その例として適当なものを，次の①～④の中から一つ選びなさい。 **27**

① より良い環境の中で生活する権利が主張されている。

② 国民主権の原理に基づいて政治に参加する権利が主張されている。

③ 国家が国民に対して適切な教育サービスを提供することが主張されている。

④ どのような職業に就くかを自ら選択する自由が主張されている。

問 21 集団安全保障とは「戦争を違法」とみなす考えに立つもので，国際組織を形成して集団内の各国は相互の武力行使の禁止を約束し，それに違反した国に対して他の加盟国が集団で制裁を行うものである。国際社会における集団安全保障体制の実質的な形成に影響を与えた条約として最も適当なものを，次の①～④の中から一つ選びなさい。

28

① マーストリヒト条約

② 国際人権規約

③ ウェストファリア条約（Peace of Westphalia）

④ 不戦条約（Kellogg–Briand Pact）

問 22 1994 年の国連環境計画（UNDP）の『人間開発報告書』で打ち出されたものであり，貧困・感染症・環境破壊など国境を越えて人々を脅かす国際問題に対処するために，守る対象は個人に焦点を当てるべきだという考え方を何というか，次の①～④の中から一つ選びなさい。 **29**

① 恐怖からの自由

② 人間の安全保障

③ 集団安全保障

④ 欠乏からの自由

問 23 日本の政府開発援助（ODA）に関する記述として**正しくないもの**を，次の①～④の中から一つ選びなさい。 **30**

① 日本の ODA は，民主化・市場経済化・人権・自由の保障に努めている国を基準に実行している。

② 日本の ODA の対象は，アジア地域が最も多く，その次はアフリカ地域である。

③ 日本の ODA は，グラント・エレメント（贈与要素）の割合が高い。

④ 日本の ODA による援助額は，対 GNP（国民総生産）比 0.7％を目標としているが，まだ至っていない。

問 24 日本の政治における 55 年体制について最も適当なものを，次の①～④の中から一つ選びなさい。 **31**

① 保守の自由民主党と革新の共産党による両党体制であった。

② 自由民主党は単独で 1993 年まで与党を維持した。

③ 55 年体制が崩れたのは，自由民主党に対抗する民主党が台頭したからである。

④ 自由民主党はこの体制がとられていた間，国会で３分の２以上の議席の確保ができなかった。

問 25 平和維持活動（PKO）についての記述として最も適当なものを，次の①～④の中から一つ選びなさい。 **32**

① PKO は，先制攻撃を行った国に対し，安保理の決議を経て行う。

② PKO は，自衛権の行使などを定めた国際連合憲章 51 条を根拠としている。

③ 日本は，1992 年のカンボジアでの活動から，自衛隊を PKO に派遣している。

④ 湾岸戦争（Gulf War）を契機に PKO が行われるようになった。

問 26 次の文章を読み，空欄 A と B に当てはまる語の組み合わせを，次の①～④の中から一つ選びなさい。 **33**

ヨーロッパの列強は，帝国主義の時代にアフリカ植民地獲得の競争を激しく繰り広げた。イギリスは A とカイロをつなぐ大陸縦断政策を展開し，フランスは 19 世紀前半から B を支配し，サハラ砂漠を南下・東進する横断政策をとっていた。

	A	B
①	ケープタウン	アルジェリア
②	ケープタウン	リベリア
③	カルカッタ	アルジェリア
④	カルカッタ	リベリア

注）ケープタウン（Cape Town）
カルカッタ（Calcutta）
アルジェリア（Algeria）
リベリア（Liberia）

第8回

問 27 1991 年のソ連解体に関する記述として**正しくないもの**を，次の①～④の中から一つ選びなさい。 **34**

① バルト 3 国など，各地で民族独立運動が起きた。

② ソ連が保有した核兵器は解体された上，廃棄された。

③ ウクライナ（Ukraine）とロシアとの対立をはじめ，共和国間の対立が表面化した。

④ ワルシャワ条約機構が解散し，各加盟国に駐留していたソ連軍も撤退した。

問 28 次の A ～ D は第二次世界大戦（WWII）後の主な出来事を表している。これらを年代順に並べたものとして正しいものを，下の①～④の中から一つ選びなさい。 **35**

A：第四次中東戦争の勃発
B：石油輸出国機構（OPEC）結成
C：イギリスのサッチャー（Margaret Thatcher）政権成立
D：オスロ合意（Oslo Agreement）

① B → A → C → D

② B → D → A → C

③ C → A → D → B

④ C → B → A → D

問 29 1935 年にアメリカでは全国労働関係法（ワグナー法）が制定され，労働者の団結権や団体交渉権などが保障された。この時期の大統領として正しいものを，次の①～④の中から一つ選びなさい。 **36**

① フランクリン・ルーズベルト（Franklin Delano Roosevelt）

② リチャード・ニクソン（Richard Milhous Nixon）

③ ジョン・F・ケネディ（John Fitzgerald "Jack" Kennedy）

④ ウッドロウ・ウィルソン（Thomas Woodrow Wilson）

問 30 19 世紀後半から 20 世紀前半までの日本の産業革命に関する記述として**適当ではないもの**を，次の①～④の中から一つ選びなさい。 **37**

① 北九州に官営八幡製鉄所が設立され，製鉄業が本格的に発展した。

② 日本郵船が設立されボンベイ（Mumbai）までの航路が開設された。

③ 石炭や鉄鋼に資金を集中させる傾斜生産方式が行われた。

④ 多数の民営鉄道が開業したものの，20 世紀の前半に国有化された。

問 31 第二次世界大戦後のアジアに関する記述として最も適当なものを，次の①～④の中から一つ選びなさい。 **38**

① ベトナムはフランスからの独立を宣言し，統一した民族国家が成立した。

② タイ（Thailand）はイギリスから独立し，近代化が進んだ。

③ シンガポール（Singapore）はマレーシア（Malaysia）から分離独立し，金融と物流の中心地として発展した。

④ インドネシアはスペインから独立し，スカルノ（Sukarno）が初代大統領に就任した。

memo

第9回

模擬テスト

総合科目
(80分)

問 1　次の会話を読み，下の問い（1）～（4）に答えなさい。

よし子：2019 年 6 月，大阪で₁G20 サミットが行われたそうです。

先　生：うん。日本で行われたのは初めてだね。正式名称は「金融・世界経済に関する首脳会合」というんだよ。

よし子：そうですか。もともとは経済協調のために開かれたのですね。

先　生：そうだね。しかし，最近はマクロ経済や₂貿易のみならず，気候変動・エネルギー，保健，テロ対策，₃難民問題等の地球規模の課題についても，活発に議論が行われているよ。

よし子：分野が広がったんですね。いつから G20 サミットが開かれるようになったのですか。

先　生：1997 年の［ a ］を契機に，まずは G20 財務大臣・中央銀行総裁会議の創設が合意された。その後，［ b ］をきっかけに経済・金融危機に対処するため，2008 年 11 月，主要先進国・新興国の首脳が参画するフォーラムとして首脳会談に格上げされたんだよ。

(1) 下線部 1 に関して，G20 の**構成国ではないもの**を，次の①～④の中から一つ選びなさい。　**［1］**

① 中国

② イギリス（UK）

③ オーストラリア（Australia）

④ エチオピア（Ethiopia）

(2) 下線部２に関して，貿易に関する記述として最も適当なものを，次の①～④の中から一つ選なさい。 **2**

① 日本は製造業を基盤とする輸出国家であるが，近年は貿易赤字になった時期もある。

② 1990 年代初め，アメリカ（USA）はビル・クリントン（Bill Clinton）大統領の経済政策によって貿易赤字を改善した。

③ 日本の最大の貿易相手国はアメリカであり，その次は韓国である。

④ アメリカは関税が主な財源の一つであるため，FTA を結ばない政策をとっている。

(3) 下線部３に関して，難民問題の解決や難民の人権保障のため「難民の地位に関する条約」が結ばれた。「難民の地位に関する条約」を含めた，20 世紀半ばの出来事を年代順に並べたものとして適当なものを，次の①～④の中から一つ選びなさい。 **3**

① 第二次世界大戦（WWII）の終結 → 世界人権宣言 → 難民の地位に関する条約 → 国際人権規約

② 世界人権宣言 → 国際人権規約 → 難民の地位に関する条約 → 第二次世界大戦の終結

③ 難民の地位に関する条約 → 第二次世界大戦の終結 → 国際人権規約 → 世界人権宣言

④ 世界人権宣言 → 第二次世界大戦の終結 → 難民の地位に関する条約 → 国際人権規約

(4) 上の会話中の空欄 a と b に入る語の組み合わせとして適当なものを，次の①～④の中から一つ選びなさい。 **4**

	a	b
①	石油危機	リーマン・ショック
②	アジア通貨危機	リーマン・ショック
③	アジア通貨危機	石油危機
④	石油危機	アジア通貨危機

問2 次の文章を読み，下の問い（1）～（4）に答えなさい。

1ブラジル（Brazil）は連邦共和国である。2南米大陸諸国の中で最大の面積を占め，多くの国と国境を接している。3多くの人口や広大な国土を持ち，北部は熱帯雨林気候で，アマゾン川が流れる。ブラジルの代表的な都市としては4リオデジャネイロ（Rio de Janeiro）がある。

(1) 下線部1に関して，ブラジルの政治制度に関する記述として最も適当なものを，次の①～④の中から一つ選びなさい。 **5**

① イギリスと同様に国王が存在し，大統領は存在しない。

② 大統領を元首とする制度で，政党は存在しない。

③ アメリカと同様に州があり，それぞれ州政府が存在する。

④ 形式的に国王が存在し，首相が実質的な権限を持っている。

第9回

(2) 下線部２に関して，下の地図は南米大陸を表している。線Ａが示すものとして適当なものを，下の①～④の中から一つ選びなさい。 **6**

① 北回帰線

② 赤道

③ 南回帰線

④ 南緯 66 度線

(3) 下線部３に関して，ブラジルの人口と領土に関する記述として適当なものを，次の①～④の中から一つ選びなさい。 **7**

① ブラジルはアメリカより人口が多い。

② ブラジルの人口は日本より多いが，インドネシア（Indonesia）よりは少ない。

③ ブラジルの領土はロシアより狭いが，カナダ（Canada）よりは広い。

④ ブラジルの領土はアルゼンチンより狭いが，インド（India）よりは広い。

(4) 下線部４に関して，リオデジャネイロは西経 45 度を標準時として採用している。リオデジャネイロと東京との関係について最も適当なものを，次の①～④の中から一つ選びなさい。 **8**

① リオデジャネイロは東京より６時間遅れている。

② 東京はリオデジャネイロより半日進んでいる。

③ 東京が午前の場合はリオデジャネイロも午前である。

④ リオデジャネイロは東京に比べて一日遅れている。

問 3 次の文章は経済における規模の利益（スケールメリット）に関する記述である。文章中の空欄 A と B に当てはまる語の組み合わせとして適当なものを，次の①～④の中から一つ選びなさい。 **9**

製造業において，生産量がある一定水準に達するまでは，生産量が A するほど単位当たりのコストが B し，それだけ利益が C することになる。これを規模の利益というが，これによって商品価格が低下し，需要が増え，利益が上るといった好循環が，高度成長時代の自動車産業や家電産業において見られた。

	A	B	C
①	増加	増加	減少
②	減少	減少	減少
③	減少	増加	増加
④	増加	減少	増加

問 4 第二次世界大戦後，先進資本主義諸国は公共事業などの政策手段を用い，政府が積極的に経済に介入し完全雇用の実現や社会保障などに取り組むようになったが，この時期の資本主義と**関連のないもの**を，次の①～④の中から一つ選びなさい。 **10**

① 有効需要政策

② 古典学派

③ 積極国家

④ 修正資本主義

問5 日本において，日本銀行による急速な金融引き締めなどによる急速な景気後退に，世界的な景気悪化などの複合的要因が加わり不況が長期化した時期を「失われた10年」という。この時期はいつを指すのか，適当なものを，次の①～④の中から一つ選びなさい。 **11**

① 石油危機からマイナスの経済成長率を記録した1970年代

② プラザ合意（Praza Accord）による円高と輸出不振に陥った1980年代

③ バブル崩壊後，金融不安や雇用の不安定が続いた1990年代

④ 世界金融危機が起き企業の業績悪化が目立った2000年代

問6 自由な競争の下で価格が需要・供給の均衡を導くことを価格の自動調整機能という。これに関する記述として最も適当なものを，次の①～④の中から一つ選びなさい。

12

① 価格の上昇は，供給を引き下げ，供給過剰を生む。

② 価格の下落は，需要を引き上げ，供給不足を生む。

③ 需要の増加は，価格を引き上げ，供給の低下につながる。

④ 需要の減少は，価格を引き下げ，供給の増加につながる。

問7 円高と円安に関する記述として最も適当なものを，次の①～④の中から一つ選びなさい。 **13**

① 1ドル＝150円のレートが，1ドル＝180円になると円高になったと言える。

② 円安になると，日本では輸入品の価格が高くなる。

③ 円高になると，日本企業への外国企業による積極的な直接投資が増える。

④ 円高が進むと，日本企業は減益になるので社会全体の需要が激減する。

問8 次のグラフは財Xにおける需要曲線を表している。需要曲線がAからBに変化した理由として最も適当なものを，次の①～④の中から一つ選びなさい。 **14**

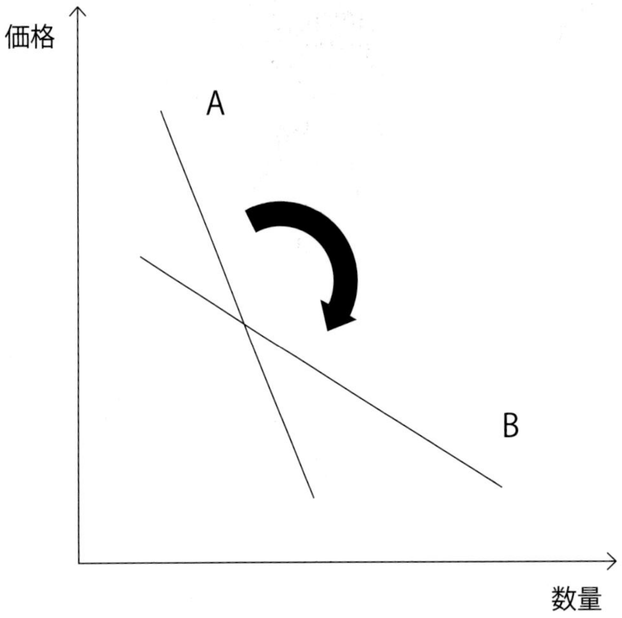

① 財Xの需要が増えた。

② 財Xの需要が価格の変化に対して弾力的になった。

③ 財Xの代替材の価格が上がった。

④ 財Xの人気が低下した。

問9 株式会社に関する記述として最も適当なものを，次の①～④の中から一つ選びなさい。 **15**

① 株式は証券取引所に限って売買が可能である。

② 社債や株を購入し，出資する人を株主という。

③ 株主は投資した企業が黒字なら配当金をもらうことができる。

④ 株主は株主総会に出席する権利はあるが，義務はない。

問10 次の文章中の A と B に当てはまる語として適当なものを，次の①～④の中から一つ選びなさい。 **16**

1986年イギリスの A 首相による証券制度改革をビッグバンと呼んだことから，金融制度における規制などを一気に自由化する改革を金融ビッグバンという。日本では，1996年 B 内閣が出した構想の下で1998年の金融システム改革法によって実施に移され，「日本版金融ビッグバン」といわれる。

	A	B
①	サッチャー	小泉純一郎
②	サッチャー	橋本龍太郎
③	アトリー	小泉純一郎
④	アトリー	橋本龍太郎

注）サッチャー（Margaret Hilda Thatcher）
アトリー（Attlee, Clement Richard）

問 11 中央銀行は「政府の銀行」と言われる。その理由として最も適当なものを，次の①～④の中から一つ選びなさい。 **17**

① 税金などの国庫金の保管をおこなう。

② 政府の政策によって金利を調節する。

③ 景気調節のため，財政政策を行う。

④ 政府が発行した国債を買い入れる。

問 12 次は中南米地域（Middle and South America）の国々と旧宗主国を示している。その組み合わせとして**適当ではないもの**を，次の①～④の中から一つ選びなさい。 **18**

	国名	旧宗主国
①	ブラジル	ポルトガル
②	スリナム	オランダ
③	ハイチ	フランス
④	キューバ	イギリス

注）ブラジル（Brazil）
ポルトガル（Portugal）
スリナム（Suriname）
オランダ（Netherland）
ハイチ（Haiti）
フランス（France）
キューバ（Cuba）

問 13 アフリカ大陸に存在する山脈の中で古期造山帯に該当し，石炭の産出が多いドラケンスバーグ（Drakensberg）山脈の位置を，次の①〜④の中から一つ選びなさい。 **19**

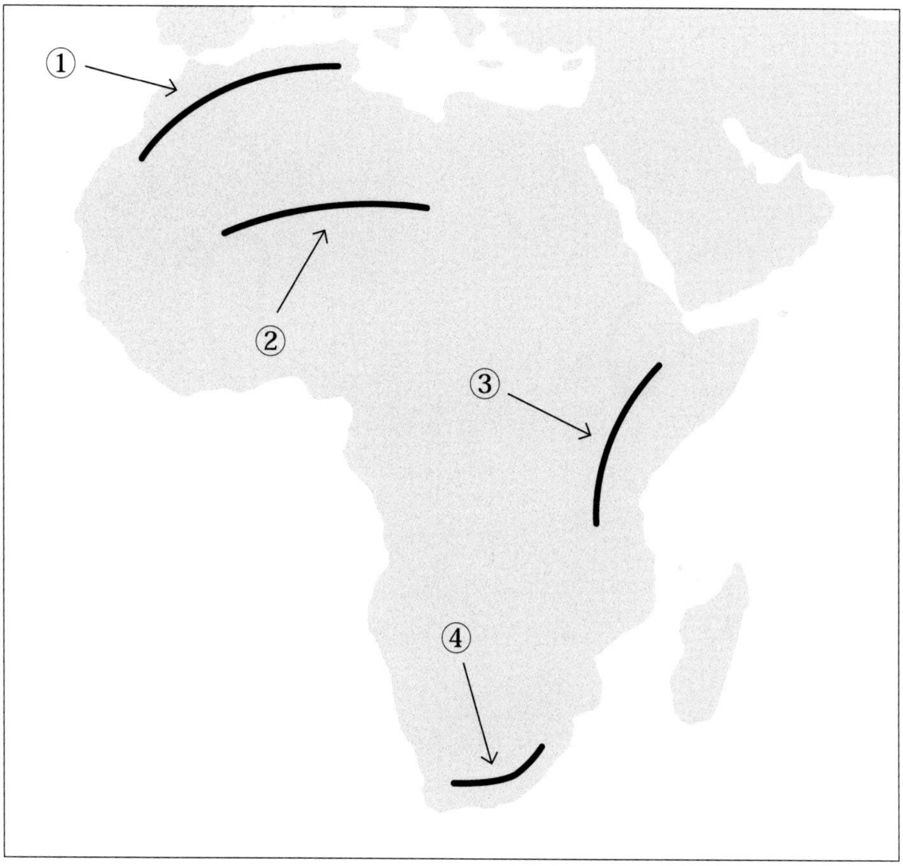

第9回

問 14　資源に恵まれ，水運を生かして古くから商工業が発達し，人口や都市機能が集中した所得の多いヨーロッパの地域を「青いバナナ」という。この地域として最も適当なものを，次の①～④の中から一つ選びなさい。　**20**

①

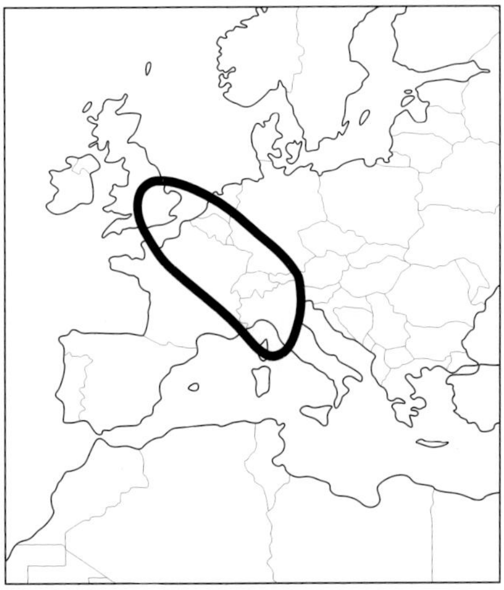

②

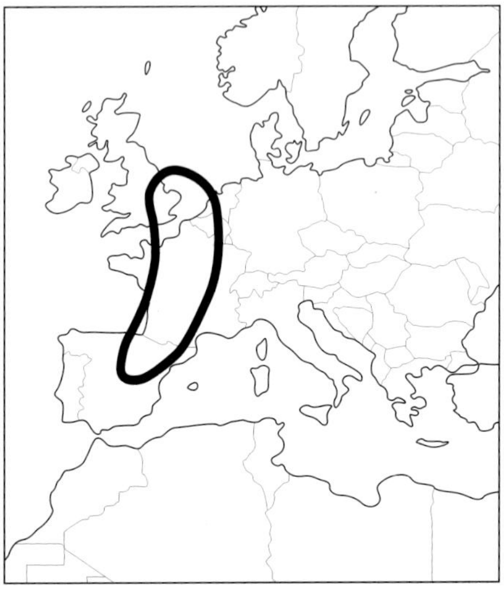

③

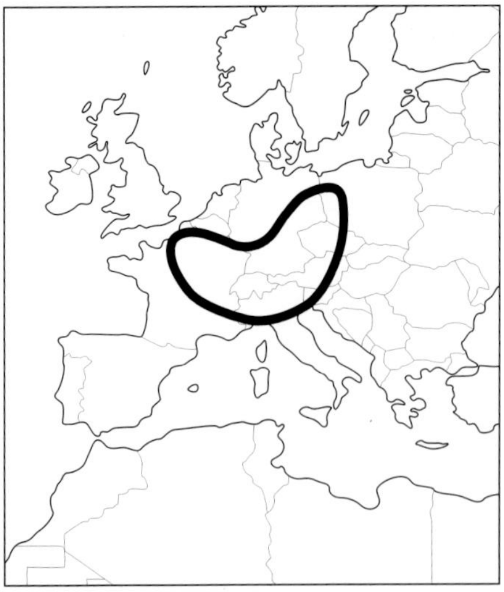

④

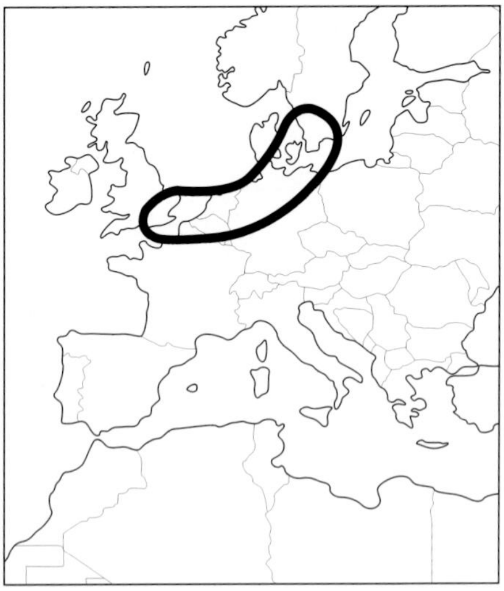

問 15 次の表は 2018 年における各国の天然ガスの輸出や輸入の順位を示している。A ～ D に当てはまる国名の組み合わせとして適当なものを，次の①～④の中から一つ選びなさい。 **21**

PJ= ペタジュール

輸出	PJ	%
A	8,433	18.3
カタール	5,068	11.0
B	4,711	10.2
アメリカ	3,943	8.6

輸入	PJ	%
中国	4,680	10.2
C	4,389	9.6
ドイツ	3,281	7.2
D	3,102	6.8

『データブック・オブ・ザ・ワールド 2022』より作成

	A	B	C	D
①	ロシア	アメリカ	日本	ノルウェー
②	アメリカ	ノルウェー	ロシア	日本
③	ロシア	ノルウェー	日本	アメリカ
④	ノルウェー	アメリカ	ロシア	日本

注）カタール（Qatar）
ドイツ（Germany）
イタリア（Italy）
ロシア（Russia）
ノルウェー（Norway）

問 16 次の表はロンドン（London）・ケープタウン（Cape Town）・東京・モスクワ（Moscow）の最寒月と最暖月の平均気温を表している。東京に当てはまるものを，下の①～④の中から一つ選びなさい。 **22**

都市名	平均気温（℃）	
	最寒月	最暖月
A	5.7	18.7
B	6.1	27.4
C	12.2	21.1
D	-6.7	19.2

『データブック・オブ・ザ・ワールド 2022』より作成

① A

② B

③ C

④ D

問 17 2021 年末現在，日本が EPA（経済連携協定）を**締結していない国**を，次の①～④の中から一つ選びなさい。 **23**

① シンガポール（Singapore）

② メキシコ（Mexico）

③ チリ（Chille）

④ アメリカ

問 18 赤道，北緯 60 度，南緯 60 度，北緯 80 度付近の 4 つの緯度圏を，気温の**年較差の小さい順で並べたもの**を，次の①～④の中から一つ選びなさい。 **24**

① 赤道 → 南緯 60 度 → 北緯 60 度 → 北緯 80 度
② 赤道 → 北緯 60 度 → 南緯 60 度 → 北緯 80 度
③ 北緯 80 度 → 北緯 60 度 → 南緯 60 度 → 赤道
④ 北緯 80 度 → 南緯 60 度 → 北緯 60 度 → 赤道

問 19 次の表は，2020 年における沖縄県，神奈川県，東京都，愛知県における人口増加率，出生率，死亡率を表している。A ～ D に当てはまる都道府県の組み合わせとして正しいものを，下の①～④の中から一つ選びなさい。（人口増加率は 2020 年から 2021 年の増加率を指す） **25**

（%）

	人口増加率	出生率	死亡率
A	1.4	6.8	9.4
B	3.0	7.5	9.1
C	-1.3	7.6	9.7
D	3.5	10.2	8.5

『データブック・ザ・ワールド 2022』より作成

	A	B	C	D
①	愛知県	沖縄県	神奈川県	東京都
②	東京都	愛知県	沖縄県	神奈川県
③	神奈川県	東京都	愛知県	沖縄県
④	沖縄県	神奈川県	東京都	愛知県

問 20 大統領と首相が併存する国の中で大統領が首相の任命権を持ち，首相と比べ優位にある国として適当なものを，次の①～④の中から一つ選びなさい。 **26**

① アメリカ

② ロシア

③ ドイツ

④ スペイン

問 21 日本の議院内閣制に関する記述として最も適当なものを，次の①～④の中から一つ選びなさい。 **27**

① 日本の衆議院は内閣に対して問責決議が可能である。

② 日本の衆議院は条約の承認・内閣総理大臣の指名において優位であり，参議院はこの件について議決を行わない。

③ 日本の衆議院議員には不逮捕特権が与えられているが，参議院議員にはない。

④ 日本の衆議院議員を選出する総選挙は任期満了によって行われる場合より解散によって行われる場合が多い。

問 22 日本では日本国憲法により「労働三権」が保障されている。労働三権の内容として<u>適当ではないもの</u>を，次の①～④の中から一つ選びなさい。 **28**

① 団結権・団体交渉権・団体行動権は民間企業の労働者に対してはすべて保障される。

② 警察職員など，日本の国家公務員には団結権や団体交渉権が保障されない職務もある。

③ イギリスやフランスでは公務員にも労働三権が適用される。

④ 日本では 1965 年，団結権保護に関する ILO 条約に批准してから労働三権が保障された。

問 23 選挙制度に関する説明として最も適当なものを，次の①～④の中から一つ選びなさい。

29

① 小選挙区制では有権者が候補者を知る機会が少なくなる。

② 小選挙区制では次点以下の候補は全員落選するので死票が多くなる。

③ 比例代表制は有権者が政党の政策より候補者個人に対する評価で投票するようになる

④ 比例代表制では自分の政党に都合のいいように不自然な区割りを行うゲリマンダー（Gerrymander）が起こりやすい。

問 24 著書「国家論」で，国家主権を「他者に拘束されることのない主権者の絶対権力である」とし，近代的主権概念を確立した人物は誰か，次の①～④の中から一つ選びなさい。 **30**

① ホッブズ（Thomas Hobbes）

② J. ボダン（Jean Bodin）

③ ロック（John Locke）

④ ルソー（Jean-Jacqes Rousseau）

問 25 1995 年，「民族浄化」という非人道的行為を契機に，北大西洋条約機構（NATO）による空爆が行われた紛争は何か，次の①～④の中から一つ選びなさい。 **31**

① 湾岸戦争（Gulf war）

② ボスニア・ヘルツェゴビナ紛争（Bosnian War）

③ ダルフール紛争（War in Darfur）

④ ソマリア内戦（Somali Civil War）

問 26 地球環境保全の必要性や地球温暖化対策の重要性の高まりによって，1992 年に国連環境開発会議（地球サミット）が開催された。この会議と**関係がないもの**を，次の①～④の中から一つ選びなさい。 **32**

① 持続可能な開発

② 気候変動枠組み条約

③ 環境と開発に関するリオデジャネイロ宣言

④ 国連環境計画（UNEP）の設立

問 27 帝国主義時代にドイツは赤道以北の太平洋諸島を手に入れ，第一次世界大戦（WWI）まで維持した。第一次世界大戦後，この諸島は日本領となり「南洋諸島」と呼ばれるようになったが，この諸島に属する地域を，次の①～④の中から一つ選びなさい。 **33**

① パラオ（Palau）

② グアム（Guam）

③ ハワイ（Hawaii）

④ フィジー（Fiji）

問 28 フランスのナポレオン 1 世（Napoleon Bonaparte）はフランス革命の申し子と言われ，ヨーロッパ全体にさまざまな影響を与えた。その例として最も適当なものを，次の①～④の中から一つ選びなさい。 **34**

① 勢力均衡

② 正統主義

③ 国民主義

④ 保守反動

問 29 19 世紀後半，ヨーロッパ列強はアフリカやアジアを中心に世界分割を加速させる帝国主義を強めることになる。その背景として最も適当なものを，次の①～④の中から一つ選びなさい。 **35**

① ナショナリズムが政治的に利用され，自民族優越主義思想が広まっていた。

② 石炭の利用が進み，蒸気機関が発明され，移動の便宜をもたらした。

③ 市場の独占が進行し，少数の巨大企業が市場や投資先を確保しようとしていた。

④ 戦闘機や戦艦など軍事増強が進み，侵略に利用されるようになっていた。

問 30 1930 年代における世界大恐慌の影響やその対策に関する記述として最も適当なものを，次の①～④の中から一つ選びなさい。 **36**

① 日本は金本位制を離脱し，1 ドル =360 円に為替レートを固定し，輸出拡大を図った。

② ドイツはドーズ案（Dawes Plan）を受け入れ，外国資本を積極的に導入した。

③ フランスは植民地や本国を結ぶ「フラン・ブロック」で恐慌を克服しようとした。

④ イギリスは善隣外交という外交政策をとり，輸出市場や貿易市場を確保しようとした。

問 31 1955 年から 1972 年までの日本の高度成長期において制定された**法律に当てはまらないもの**を，次の①～④の中から一つ選びなさい。 **37**

① 農業基本法

② 公害対策基本法

③ 消費者保護基本法

④ 教育基本法

問 32 冷戦が始まった時期の出来事に関する記述として最も適当なものを，次の①～④の中から一つ選びなさい。 **38**

① ソ連（USSR）ではゴルバチョフ（Mikhail Gorbachev）の下，複数政党制や市場経済への改革が行われた。

② フランスは自主的外交路線を唱えて北大西洋条約機構（NATO）から脱退した。

③ アメリカはヨーロッパにおいて共産主義の影響力拡大を阻止するため，軍事・経済的援助を行った。

④ キューバ（Cuba）では，ミサイル基地を巡り，アメリカとソ連との対立が本格化した。

第10回

模擬テスト

総合科目
(80分)

問1　次の会話を読み，下の問い（1）～（4）に答えなさい。

よし子：日本は自然災害が多い国ですね。

先　生：そうだね。₁火山が多い国だと言われるけど，₂台風による災害も多いんだ。

よし子：昔，巨大な台風が襲来したという話を聞きました。

先　生：1959年の伊勢湾台風が代表的だね。死者と行方不明者が合わせて約5000人にもなったよ。

よし子：大地震もありましたね。1995年の阪神淡路大震災や2011年の東日本大震災が代表的です。

先　生：阪神淡路大震災が起きた₃1990年代は経済・社会的にいろいろな問題が起きた時期だったね。東日本大震災は福島第一原発の事故から全国の₄原子力発電所が停止する事態になったね。

(1) 下線部１に関して，日本の火山の分布を表す図として適当なものを，次の①～④の中から一つ選びなさい。 **1**

①

②

③

④

第10回

(2) 下線部２に関して，台風による災害の一つに，台風や低気圧が海岸部を通過する際，海面が上昇することによる被害がある。このような現象を何というか，次の①～④の中から一つ選なさい。 **2**

① 津波
② 高潮
③ 波浪
④ 暴風

(3) 下線部３に関して，1990年代の日本に関する記述として最も適当なものを，次の①～④の中から一つ選びなさい。 **3**

① 物価の上昇によって，輸入が急増し，経常収支が赤字に転じた。
② 多くの企業が人員削減を行い，下請代金の値下げなども行われた。
③「平成不況」という長期不況に陥り，金融当局は金利を2.5％から6％まで引き上げた。
④ 輸出産業を救済するため「前川リポート」を発表し，輸出依存型経済から内需主導型経済へと転換した。

(4) 下線部４と関連し，日本の福島第一原子力発電所の事故の影響で脱原発を推進した国はどこか，次の①～④の中から一つ選びなさい。 **4**

① フランス（France）
② ドイツ（Germany）
③ アメリカ（USA）
④ イタリア（Italy）

問 2　次の文章を読み，下の問い（1）～（4）に答えなさい。

国際連合憲章とは国際連合の組織と基本原則を定めたものである。1943 年，アメリカ・₁イギリス・ソ連（USSR）・中国の代表が₂モスクワ（Moscow）に集まり，一般原則を取り決めた後，1945 年 6 月に，₃サンフランシスコで調印された。国際連合は集団安全保障の考え方による機構で，₄主要機関と専門機関などで構成されている。平和・開発・人権や人道・環境・民主主義の促進などグローバルな課題に取り組んでいる。

(1) 下線部 1 に関して，イギリスの政治制度に関する記述として最も適当なものを，次の①～④の中から一つ選びなさい。 **5**

① 二院制を採用しており，上院は予算先議権を，下院は条約同意権を有している。

② 国民の代表が国家の元首となる共和制国家である。

③ 近年，有権者の意見が最も反映できる比例代表制を導入し，死票をなくした。

④「影の内閣（Shadow Cabinet）」という模擬内閣が存在し，公費で運営される。

第10回

(2) 下線部 2 に関して，モスクワの位置として最も適当なものを，下の地図中の①～④の中から一つ選びなさい。 **6**

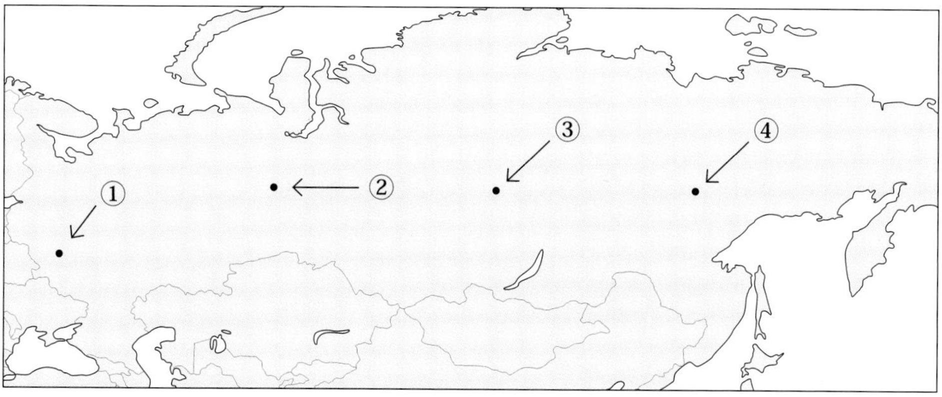

(3) 下線部３に関して，サンフランシスコの気候は夏に降水量が少なく，冬に降水量が多い地中海性気候である。同じ地中海性気候の地域の例として**適当ではないもの**を，次の①～④の中から一つ選びなさい。 **7**

① ローマ（Rome）

② バルセロナ（Barcelona）

③ ロサンゼルス（Los Angeles）

④ パリ（Paris）

(4) 下線部４に関して，国際連合における主要機関と専門機関の組み合わせとして正しいものを，次の①～④の中から一つ選びなさい。 **8**

	主要機関	専門機関
①	国際刑事裁判所（ICC）	世界貿易機関（WTO）
②	経済社会理事会	国際赤十字
③	総会	国際司法裁判所（ICJ）
④	信託統治理事会	国際労働機関（ILO）

問 3　次のグラフは第二次世界大戦（WWII）後の日本の財政における一般会計の歳出と税収の推移を表している。グラフ中のAに当てはまる時期として最も適当なものを，下の①〜④の中から一つ選びなさい。 **9**

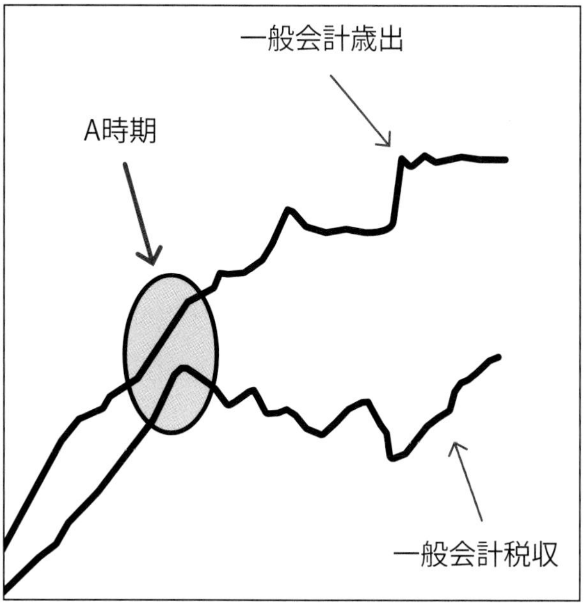

① 1940 年代後半

② 1970 年代半ば

③ 1990 年代初頭

④ 2000 年代後半

問 4　資本主義経済の特徴として**正しくないもの**を，次の①〜④の中から一つ選びなさい。 **10**

① 工場・土地・機械・資本など生産手段の私的所有が認められている。

② 生産手段を持たない労働者は労働力を商品として資本家に提供する。

③ 市場での自由競争が保障されると有効需要が増加する。

④ 国民経済全体としての生産活動の調整が困難であり，企業の過剰生産が起こる。

問5 企業が株式や社債を発行して，証券市場を通じて資金供給者である個人や企業から資金調達をすることを何というか，次の①～④の中から一つ選びなさい。 **11**

① 直接金融

② 内部留保

③ 信用創造

④ 転換社債

問6 イギリスの経済学者であるコーリン・クラーク（Colin Grant Clark）によると産業は第一次産業・第二次産業・第三次産業に分類される。第二次産業に分類される例として正しいものを，次の①～④の中から一つ選びなさい。 **12**

① 水産業

② 運輸業

③ 情報通信業

④ 建設業

問 7 次は国債と金利の関係について表している。文章中の空欄 a と b に当てはまる語の組み合わせとして最も適当なものを，下の①～④の中から一つ選びなさい。

13

政府による国債発行の増加 → 市中金利の a → 企業による設備投資の b

	a	b
①	上昇	増加
②	上昇	縮小
③	下落	増加
④	下落	縮小

第10回

問8 景気の動向を示す各種の景気指標のうち，全体としての景気変動に先行して変動する指標を先行指標という。その例として最も適当なものを，次の①～④の中から一つ選びなさい。 **14**

① 株価指数

② 中小企業売上高

③ 有効求人倍率

④ 法人税収入

問9 日本の高度経済成長の要因の一つに，GHQにより行われた戦後改革があげられる。その改革として**適当でないもの**を，次の①～④の中から一つ選びなさい。 **15**

① 持株会社の解体

② 小作農の法的禁止

③ 労働者の基本的権利の保障

④ 婦人参政権の確立

問10 国や地方公共団体が経営していた企業が民間に売却されることを民営化という。1980年代以降，日本ではいくつかの産業において民営化が進められたが，その例として**適当でないもの**を，次の①～④の中から一つ選びなさい。 **16**

① 通信

② タバコ

③ ビール（Beer）

④ 鉄道

問 11 日本における労働や労働組合に関する記述として最も適当なものを，次の①～④の中から一つ選びなさい。 **17**

① 労働者は使用者の同意なしに，労働組合を結成できる。

② 労働者は使用者が要求を受け入れなかった場合，労働委員会を設置し，圧力をかけることができる。

③ 労働争議とは労働組合の要求を貫くために行われる協議をいう。

④ 使用者は労働者の国籍・社会的身分などにより異なる待遇をすることが可能である。

問 12 日本の農業に関する記述として最も適当なものを，次の①～④の中から一つ選びなさい。 **18**

① 農産物の市場開放によってオレンジや牛肉の輸入制限は撤廃されたが，コメにおいては制限し続けている。

② 先進国の中で，アメリカやフランスなどは日本と食料自給率がほぼ同じである。

③ 日本でコメの自給率が高い理由は減反政策が行われたことが背景にある。

④ 食料の安定的供給のため，1999 年に食料・農業・農村基本法が施行された。

問 13 次の地図の中の A 気団に関する記述として最も適当なものを，下の①～④の中から一つ選びなさい。 **19**

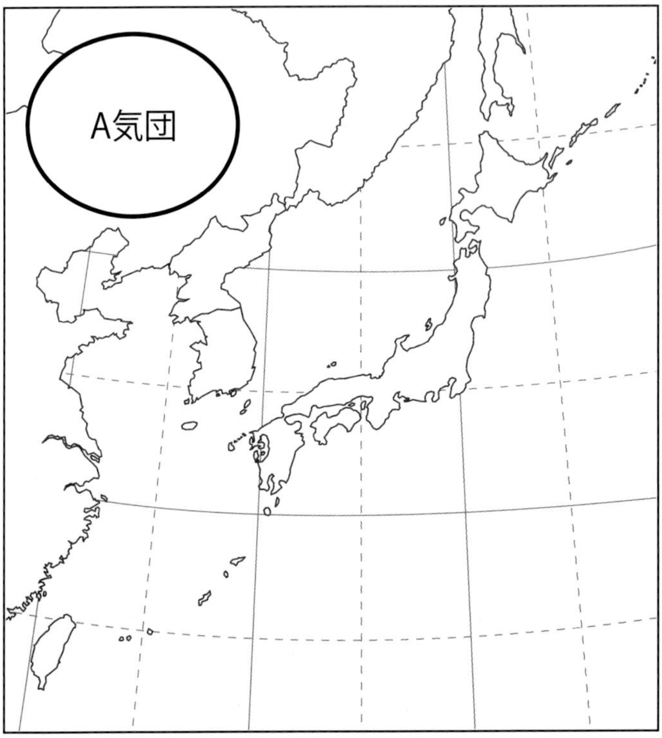

① A 気団の影響で，夏の太平洋側は平均降水量が多い。

② A 気団の影響で，冬の日本海側は平均降水量が多い。

③ A 気団の影響で，夏の太平洋側の平均気温は日本海側より低い。

④ A 気団の影響で，冬の日本海側の平均気温は太平洋側より高い。

問 14 次の図は南米大陸におけるケッペン（Köppen）の気候区分を表している。A ～ C に当てはまる気候の組み合わせとして最も適当なものを。下の①～④の中から一つ選びなさい。 **20**

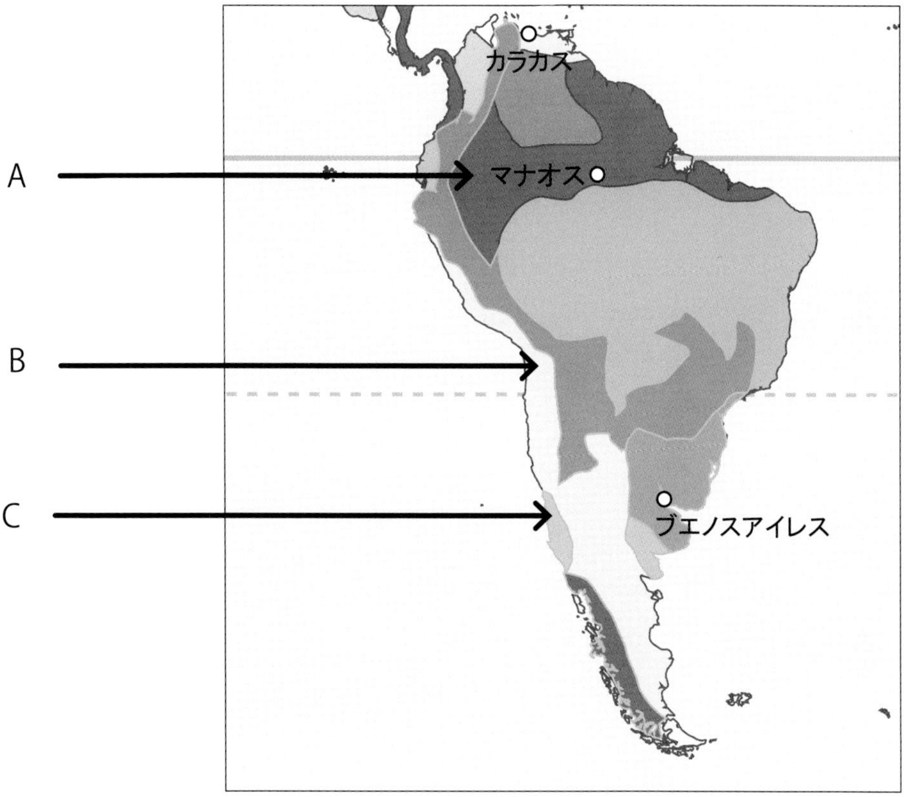

	A	B	C
①	熱帯雨林（Af）	地中海性気候（Cs）	砂漠気候（BW）
②	熱帯雨林（Af）	砂漠気候（BW）	地中海性気候（Cs）
③	地中海性気候（Cs）	熱帯雨林（Af）	砂漠気候（BW）
④	砂漠気候（BW）	地中海性気候（Cs）	熱帯雨林（Af）

問 15 次の表はアメリカ・日本・中国・イギリスの世界の貿易に占める割合を示している。日本に当てはまるものを，次の①～④の中から一つ選びなさい。 **21**

	輸出			輸入		
	1990	2010	2020	1990	2010	2020
A	11.7%	8.5%	8.2%	14.8%	13.0%	13.3%
B	1.8%	10.4%	14.7%	1.5%	9.2%	11.7%
C	8.5%	5.1%	3.6%	6.7%	4.6%	3.6%
D	5.5%	2.8%	2.2%	6.4%	3.7%	3.1%

『データブック・オブ・ザ・ワールド 2022』より作成

① A

② B

③ C

④ D

問 16 次のグラフはある農産物の大陸別生産比率を表している。この農産物として正しいものを，次の①～④の中から一つ選びなさい。 **22**

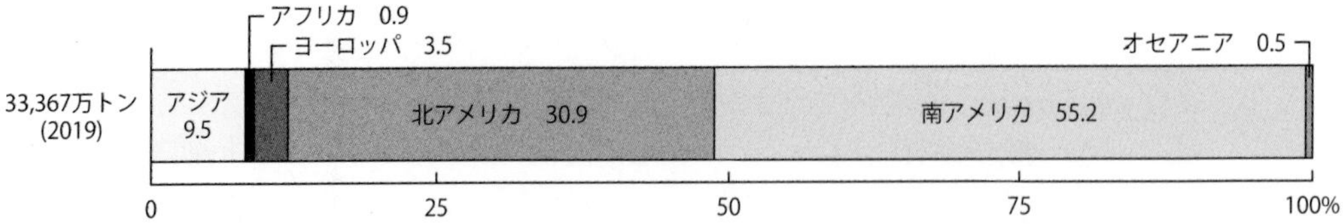

『データブック・オブ・ザ・ワールド 2022』より作成

① 茶

② オリーブ

③ 小麦

④ 大豆

問 17 気候要素に影響を及ぼし，変化させる原因を気候因子という。気候因子の例として**正しくないもの**を，次の①～④の中から一つ選びなさい。 **23**

① 海抜高度

② 降水量

③ 地形

④ 海流

問 18 地盤の沈降，海面の上昇によってできた海岸地形の**例ではないもの**を，次の①～④の中から一つ選びなさい。 **24**

① エスチュアリ（estuary）

② フィヨルド（fjord）

③ カルスト（karst）

④ 多島海

第10回

問 19 太平洋にあるフィジー（Fiji）の時刻は東京より 3 時間進んでいる。同じく太平洋にあるハワイ（Hawaii）とフィジーの関係について最も適当なものを，次の①～④の中から一つ選びなさい。（ただし，東京は東経 135 度，ハワイは西経 150 度を標準時とする） **25**

① ハワイはフィジーより，2 時間進んでいる。

② ハワイはフィジーより，2 時間遅れている。

③ ハワイはフィジーより，22 時間遅れている。

④ ハワイは東京より，19 時間進んでいる。

問 20 日本の政治では 1980 年代末から汚職事件が相次ぎ，1993 年の総選挙を経て非自民・非共産の 7 党 1 会派の連立による内閣が誕生し，55 年体制が崩壊した。この時期に現れた内閣として正しいものを，次の①～④の中から一つ選びなさい。 **26**

① 細川護熙（もりひろ） 内閣

② 橋本龍太郎 内閣

③ 小泉純一郎 内閣

④ 鳩山由紀夫 内閣

問 21 日本国憲法において，国会が有する権限について最も適当なものを，次の①～④の中から一つ選びなさい。 **27**

① 閣議の開催

② 条約の承認

③ 最高裁判所裁判官の指名

④ 閣僚の任命

問 22 各国の政治制度に関する記述として最も適当なものを，次の①～④の中から一つ選びなさい。 **28**

① アメリカでは議会を通過した法案が大統領によって拒否された場合，廃棄となる。

② イギリスでは国民の支持率が 50％以下になった場合，内閣は総辞職しなければならない。

③ フランスは大統領制と議院内閣制の混合型で，大統領は議会で選出される。

④ ドイツは連邦議会で大統領や首相を選出するが，首相の権限が強い。

問 23 行政国家化が進むと国民によって選出されない官僚によって社会が動かされるようになる傾向がある。行政を国民や国民の代表者が民主的にコントロールする仕組みについて日本における例として**正しくないもの**を，次の①～④の中から一つ選びなさい。

29

① 専門性や政治的中立性を確保するために，独立行政委員会を設置している。

② 行政監察官に該当するオンブズマンを国政レベルで導入している。

③ 退職後に民間企業や団体の役員として再就職する「天下り」を規制している。

④ 行政手続法を制定し，許認可や行政指導などのルールを定めている。

問 24 日本の裁判制度においては，無罪の確定判決を有罪に変更することは認められていないものの，確定した判決に重大な誤りがある場合は再審が認められている。この原則を何というか，次の①～④の中から一つ選びなさい。 **30**

① 罪刑法定主義

② ミランダ原則

③ 一事不再理の原則

④ 無罪推定の原則

問 25 権力が濫用されると政治的自由が存在しえない。同一人が立法権，執行権，裁判権を持った時にも自由はないと述べた人物は誰か，次の①～④の中から一つ選びなさい。

31

① エドワード・コーク（Edward Coke）

② ミル（John Stuart Mill）

③ ルソー（Jean-Jacques Rousseau）

④ モンテスキュー（Charles-Louis de Montesquieu）

問 26 国際連合の主要機関である国際司法裁判所に関する記述として最も適当なものを，次の①～④の中から一つ選びなさい。 **32**

① スイス（Switzerland）のジュネーブ（Geneva）に置かれている。

② 15 名の裁判官で構成され，一審で終結する。

③ 関係当事国の中で一国が訴訟を提起すると開かれる。

④ 人道に対する罪やジェノサイドなどに関して裁判が行われる。

問 27 1815 年に採択されたウィーン議定書に関する記述として**適当でないもの**を，次の①～④の中から一つ選びなさい。 **33**

① フランス・スペイン・ナポリ（Naples）でブルボン（Bourbon）家が王位に復帰したほか，ローマ教皇領が復活した。

② オーストリア（Austria）とプロイセン（Prussia）を含む 39 のドイツ諸邦・自由市からなるドイツ連邦が成立した。

③ ロシア皇帝を王とするポーランド王国が成立した。

④ スイスやオランダ（Neitherland）が独立国として認められ，主権国家体制が確立された。

問 28 第一次世界大戦（WWI）に関する記述として**適当でないもの**を，次の①～④の中から一つ選びなさい。 **34**

① 国営企業に限らず民間企業も政府の管理下に置く参戦国が多かった。

② 参戦国では食料や生活必需品に対する価格統制や配給制が行われた。

③ 挙国一致内閣をはじめとする，戦時内閣が組織されることもあった。

④ 前線は激戦地となる一方，後方の一般市民の暮らしが大きく変わることはなかった。

問 29 国際連盟に関する記述として最も適当なものを，次の①～④の中から一つ選びなさい。 **35**

① 理事会が存在し，イギリス・アメリカ・フランス・日本・ソ連は常任理事国であった。

② 1920 年，ベルサイユ（Versailles）条約の発効と同時に正式に発足したが，当初ドイツは排除された。

③ ベルサイユ体制を統括する役割を担っていたが，ワシントン（Washington）会議により，その組織は解体された。

④ 総会は多数決で，理事会は全会一致の方式で議決された。

問 30 第二次世界大戦（WWII）が勃発する直前の出来事として適当なものを，次の①～④の中から一つ選びなさい。 **36**

① ドイツはフランスに宣戦布告し，アルザス・ロレーヌ（Alsace-Lorraine）地域を併合した。

② イタリアはアフリカのエチオピア（Ethiopia）に侵攻したが，敗戦した。

③ ソ連とドイツは不可侵条約を結び，相互の権益を尊重する秘密議定書が締結された。

④ アメリカ・イギリス・日本・フランス・イタリアの主力艦の保有トン数の上限を決める海軍軍備制限条約が締結された。

問 31 1950 年代から 60 年代に，ソ連の勢力下に置かれていた東ヨーロッパの国々で民主化運動が起きた。その国として最も適当なものを，次の①～④の中から一つ選びなさい。

37

① ポーランド（Poland）

② ユーゴスラビア（Yugoslavia）

③ ハンガリー（Hungary）

④ トルコ（Turkey）

問 32 1985 年ソ連の書記長として就任したゴルバチョフ（Mikhail Gorbachev）は，異なる体制との相互依存を標榜する外交を掲げた。これを何というか，次の①～④の中から一つ選びなさい。 **38**

① 新思考外交

② 門戸開放政策

③ ピンポン外交

④ 中立外交

総合科目 模擬テスト

正解
解説

第 1 回 正解

問	解答番号	正解	重要度
問 1	1	③	★★★
	2	④	★★
	3	②	★★
	4	①	★
問 2	5	③	★★★
	6	④	★★★
	7	①	★★★
	8	④	★★
問 3	9	②	★★
問 4	10	②	★★
問 5	11	③	★★★
問 6	12	④	★★★
問 7	13	③	★★★
問 8	14	②	★★★
問 9	15	④	★★★
問 10	16	③	★★★
問 11	17	③	★★
問 12	18	①	★★★
問 13	19	①	★★★

問	解答番号	正解	重要度
問 14	20	④	★★
問 15	21	②	★★
問 16	22	③	★★
問 17	23	③	★
問 18	24	④	★★★
問 19	25	③	★★
問 20	26	③	★★
問 21	27	③	★★★
問 22	28	③	★★
問 23	29	③	★★
問 24	30	④	★★★
問 25	31	①	★★
問 26	32	①	★★
問 27	33	③	★★★
問 28	34	④	★★★
問 29	35	①	★★★
問 30	36	④	★★
問 31	37	④	★★★
問 32	38	④	★

第1回 解説

問1 (1) 1 正解③

重要度 ★★★

キーワード 「アラブの春」

ポイント 「アラブの春」とは、チュニジアから始まった独裁に反対する民主化運動である。①はイラン革命、②は共産主義の下でおきた「プラハの春」、④は冷戦崩壊の時期にチェコスロヴァキアで起きた革命である。

問1 (2) 2 正解④

重要度 ★★

キーワード アラブ地域の国々

ポイント アラブ地域にはどのような国々が存在するのか、また、イスラエルは他のアラブの国とは違う歴史や宗教であることを把握しておく。

問1 (3) 3 正解②

重要度 ★★

キーワード シリアの位置

ポイント アラブの主要国の位置を覚えておく。①はトルコ、③はサウジアラビア、④はイランである。いずれも覚えておくこと。

問1 (4) 4 正解①

重要度 ★

キーワード イスラム教とスンニ・シーア派

ポイント イスラム教の聖典はクルアーン（コーラン）であり、シーア派（少数派）の代表的な国はイランで、サウジアラビアはスンニ派（多数派）の代表的な国である。

問2 (1) 5 正解③

重要度 ★★★

キーワード 日本の開港時の貿易

ポイント 日本の開港時に最も貿易量の多い港は横浜であり、輸出品としては生糸が、輸入品としては綿織物などがあった。

問2 (2) 6 正解④

重要度 ★★★

キーワード 時差問題

ポイント サンフランシスコを例として地図や地球儀・時差の基本的な概念を理解しているかを聞いている。③サンフランシスコはニューヨークより3時間遅れている。

問2 (3) 7 正解①

重要度 ★★★

キーワード 普仏戦争

ポイント ナポレオン3世はプロイセンのビスマルクに敗戦し、退陣した。③はロシアの南下政策が原因で、④はナポレオン1世が行った戦争である。

問2 (4) 8 正解④

重要度 ★★

キーワード スエズ運河の位置

ポイント スエズ運河は地中海と紅海を結ぶ、重要な交通の要地である。加えてパナマ運河の位置も把握しておくこと。

問3 **9** 正解②

重要度 ★★

キーワード 完全競争市場や寡占市場の特徴

ポイント 完全競争市場では買い手と売り手が多数存在し、企業の参入と退出が自由である。完全競争市場は実際には存在しないものであるが、特徴をしっかり把握しておくこと。

問4 **10** 正解②

重要度 ★★

キーワード 国民所得や三面等価の原則

ポイント 国民所得は生産国民所得・分配国民所得・支出国民所得に区分され、雇用者の報酬や企業所得，財産所得など，生産活動に投入された生産要素に対して支給される所得の面から見た国民所得は分配国民所得である。

問5 **11** 正解③

重要度 ★★★

キーワード ブレトンウッズ体制

ポイント プレトンウッズ体制は第二次世界大戦後の自由貿易のために決められた金ドル本位制のことを意味する。そのため、IMF と IBRD が設けられた。

問6 **12** 正解④

重要度 ★★★

キーワード 需要曲線の移動

ポイント 需要曲線が左に移動することは需要の減少を意味する。人気がなくなった場合は需要が減少するので④が答え。

問7 **13** 正解③

重要度 ★★★

キーワード 有効需要理論と景気政策

ポイント 国家の政策によって失業者が減少し、有効需要が創出されているので、金融緩和政策を行うことだと判断する。

問8 **14** 正解②

重要度 ★★★

キーワード 貿易依存度の理解

ポイント 貿易依存度は輸出・輸入量のみならず国内経済の規模とも関係がある。オランダはアメリカや日本より国内経済の規模が小さいので貿易依存度が大きくなる。

問9 **15** 正解④

重要度 ★★★

キーワード 国民所得と国内純生産（NDP）

ポイント 可処分所得や付加価値、GDP, GNP, NDP, NNP などについて正確に理解しておくこと。

問10 **16** 正解③

重要度 ★★★

キーワード 主な経済学者

ポイント シュンペーター、リカード、マルサス、フリードマンなどの経済学者と主要理論を把握しておく。

問11 **17** 正解③

重要度 ★★

キーワード 日本の企業と二重構造

ポイント 日本の中小企業の特徴について把握しておく。特に大企業と中小企業の間の格差（二重構造）について理解しておく。

問12 **18** 正解①

重要度 ★★★

キーワード 景気変動

ポイント 好景気とは需要と生産が活発な時期であり、企業による設備投資が活発に行われる。

問13 19 正解①

重要度 ★★★

キーワード メルカトル図法と正距方位図法

ポイント メルカトル図法と正距方位図法の特徴と、大圏コースと等角コースがそれぞれどのように表現されるかを知っておく。

問14 20 正解④

重要度 ★

キーワード 労働生産性と土地生産性

ポイント 農業における労働生産性、土地生産性について把握しておく。アメリカなどは一人の農民が生産する農産物が多く、労働生産性が高い。

問15 21 正解②

重要度 ★★

キーワード 産業別国内生産の割合の国際比較

ポイント 経済が発展するにつれ、1次産業から3次産業に移っていく。それぞれの国の経済力を考えると表が読み取れる。

問16 22 正解③

重要度 ★★

キーワード ユーロ未使用国

ポイント ユーロの代表的な未使用国としてはスウェーデン・デンマークがある。

問17 23 正解③

重要度 ★

キーワード 工業の立地条件

ポイント 工業の特徴から立地条件を把握しておく。鉄鋼は輸入と輸出が多いため、臨海指向型である。

問18 24 正解④

重要度 ★★★

キーワード 古期造山帯の山脈

ポイント ロッキー山脈は北アメリカ大陸の西側にある新期造山帯に属する山脈である。

問19 25 正解③

重要度 ★★

キーワード 主要国の森林面積

ポイント 森林の比率が高い国は日本、森林の面積が大きいのはブラジルであり、乾燥気候がほとんどを占めるアルジェリアは森林の面積が最も小さい。

問20 26 正解③

重要度 ★★

キーワード 圧力団体の意味

ポイント 選挙での集票と政治資金の提供などを通して，ある特定の社会的利益の実現を目指す集団は圧力団体である。

問21 27 正解③

重要度 ★★★

キーワード 被告人の権利と人身の自由

ポイント 再審の請求は、裁判の過程で著しい過ちがあると判断された時に行われるものであり、被告人の権利とはいえない。

問22 28 正解③

重要度 ★★

キーワード 日本の国会の種類

ポイント 通常国会は毎年1月に召集され、臨時国会は議員の1/4以上または内閣が要求する場合に召集される。

問23 **29** 正解③

重要度　★★

キーワード　アメリカ独立宣言の内容

ポイント　天賦の人権・幸福の追求、抵抗権などが現れているが、肌の色による差別の不当性はなし。

問24 **30** 正解④

重要度　★★★

キーワード　国際連合の特徴

ポイント　国際連合には主要機関と専門機関があり、UNESCO は専門機関に該当する。

問25 **31** 正解①

重要度　★★

キーワード　トルーマンドクトリン

ポイント　トルーマンドクトリンはギリシャとトルコに対して行う経済的支援であった。

問26 **32** 正解①

重要度　★★

キーワード　湾岸戦争と PKO 活動

ポイント　日本の自衛隊が海外派遣をする契機になったのは湾岸戦争であり、その翌年、カンボジアへの PKO に参加した。

問27 **33** 正解③

重要度　★★★

キーワード　GHQ による戦後改革

ポイント　GHQ の改革、とりわけ財閥解体や農地改革について理解しておく。

問28 **34** 正解④

重要度　★★★

キーワード　アメリカの領土拡大

ポイント　ルイジアナはフランスから購入、フロリダはスペインから購入、カリフォルニア地域はメキシコから獲得した。

問29 **35** 正解①

重要度　★★★

キーワード　ヴィルヘルム 2 世の政策

ポイント　ヴィルヘルム 2 世は積極的な拡張政策を行った。また、ビスマルクとは対立していた。

問30 **36** 正解④

重要度　★★

キーワード　日本や国際における環境に関する出来事

ポイント　国際社会や日本における環境に関する動きや流れを把握しておく。

問31 **37** 正解④

重要度　★★★

キーワード　冷戦時代の日本社会

ポイント　日本の現代における動きを把握しておく。とりわけ、サンフランシスコ平和条約、安保闘争、日ソ共同宣言などの出来事について知っておく。

問32 **38** 正解④

重要度　★

キーワード　消費者の四つの権利

ポイント　消費者の四つの権利は「安全の権利、知らされる権利、意見をきいてもらう権利、選択できる権利」である。

第２回　正解

問	解答番号	正解	重要度
問１	1	①	★★
	2	④	★
	3	③	★★★
	4	③	★★
問２	5	②	★★
	6	④	★★★
	7	④	★★★
	8	①	★★
問３	9	③	★★★
問４	10	④	★★★
問５	11	①	★★★
問６	12	④	★★★
問７	13	④	★★★
問８	14	③	★★
問９	15	④	★★
問 10	16	④	★★★
問 11	17	④	★★★
問 12	18	③	★★
問 13	19	③	★

問	解答番号	正解	重要度
問 14	20	④	★★★
問 15	21	①	★★★
問 16	22	②	★★★
問 17	23	②	★★★
問 18	24	③	★★★
問 19	25	④	★★
問 20	26	④	★★
問 21	27	④	★★
問 22	28	②	★★
問 23	29	④	★★★
問 24	30	④	★
問 25	31	①	★★★
問 26	32	④	★★★
問 27	33	②	★★★
問 28	34	③	★★★
問 29	35	②	★
問 30	36	③	★
問 31	37	③	★★★
問 32	38	④	★★★

第2回 解説

問1 (1) 1 正解 ①

重要度 ★★

キーワード 主要国の直間比率

ポイント アメリカは直接税中心の国家である。ヨーロッパ諸国は間接税の割合が高い。

問1 (2) 2 正解 ④

重要度 ★

キーワード 戦後 GHQ の改革

ポイント GHQ の統治が行われた時期に制定されたのは教育基本法である。治安維持法は 1925 年、農業基本法は 1961 年、環境基本法は 1993 年である。

問1 (3) 3 正解 ③

重要度 ★★★

キーワード 社会保険制度の発展

ポイント ビスマルクの「アメとムチ」について把握しておく。また、イギリスのベバリッジ報告書は重要。

問1 (4) 4 正解 ③

重要度 ★★

キーワード 消費税の特徴

ポイント 消費税は税率が一定であるため、所得再分配の役割は小さい。③は累進課税に関する説明である。

問2 (1) 5 正解 ②

重要度 ★★

キーワード サライェヴォ（バルカン半島）の位置

ポイント サライェヴォはヨーロッパの火薬庫と呼ばれたバルカン半島に位置している。

問2 (2) 6 正解 ④

重要度 ★★★

キーワード 帝国主義時代の列強の政策

ポイント 帝国主義における列強の政策を覚えておく。①②③は正しい。モロッコとチュニジアはフランス領であった。

問2 (3) 7 正解 ④

重要度 ★★★

キーワード 第一次世界大戦の参戦国

ポイント 第一次世界大戦の流れと参戦国を覚えておく。特にイタリアはオーストリアとの領土未回収の問題から連合国として参戦した。

問2 (4) 8 正解 ①

重要度 ★★

キーワード 日本の大戦景気

ポイント 第一次世界大戦において日本は、造船と海運を中心に好景気であった。

問3 9 正解 ③

重要度 ★★★

キーワード 需要供給曲線の理解

ポイント 需要曲線と供給曲線はしっかり理解しておく。①は 30 円で均衡になるため誤り ④の曲線の傾きは弾力性を表す。

問4 10 正解 ④

重要度 ★★★

キーワード 外部効果の例

ポイント 外部効果は市場の失敗である。④は競争によるもので市場原理に当てはまる。

問5 11 正解①

重要度 ★★★

キーワード 日米貿易摩擦と解決

ポイント 1980年代、自動車を中心とした日米貿易摩擦で日本は「輸出自主規制」や「現地生産」が増加した。

問6 12 正解④

重要度 ★★★

キーワード 金融緩和と政策

ポイント 政策金利の引き下げ、買いオペ、支払準備率の引き下げと、金融緩和を行うことで、貸し出しが増加する。

問7 13 正解④

重要度 ★★★

キーワード 円相場の推移

ポイント 戦後、円相場の動きを把握しておく。特に1970年代の変動相場制への移行や1985年のプラザ合意は重要。

問8 14 正解③

重要度 ★★

キーワード GDPデフレータと実質経済成長率

ポイント 物価が10%上昇するとGDPデフレータは110である。従って2019年の実質GDPは100兆円であり、2018年に比べて変化がないため、実質経済成長率は0%である。

問9 15 正解④

重要度 ★★

キーワード 預金金利と貸出金利

ポイント 預金金利を上げると預金額は増え、貸出金利を上げると企業などは利子の負担が大きくなるため借入を減らすこととなる。

問10 16 正解④

重要度 ★★★

キーワード 国債の発行と影響

ポイント 国債の発行が増えれば国債費も増加し、財政が硬直化する可能性が高い。なお、増税より反発は少ない。

問11 17 正解④

重要度 ★★★

キーワード 1980年代の日本経済と社会

ポイント 1980年代は民営化、プラザ合意、そこからバブル経済につながる出来事をおさえておく。

問12 18 正解③

重要度 ★★

キーワード 日本の社会保障

ポイント 日本は近年、年金において積立方式から賦課方式へ移行している。また、医療保険や年金保険の加入は義務である。

問13 19 正解③

重要度 ★

キーワード 都市問題

ポイント 都市部の環境悪化や地価高騰により、人口が都市周辺に流出することをドーナツ化という。

問14 20 正解④

重要度 ★★★

キーワード アフリカ諸国の貿易

ポイント アフリカ大陸において原油が主な産業である国はナイジェリアである。ケニアは茶、コートジボワールはカカオが有名である。

問15 **21** 正解 ①

重要度 ★★★

キーワード 出生率や死亡率から社会の予測

ポイント 出生率がやや多いことから、人口は穏やかに増加する先進国ということがわかる。アメリカのグラフである。

問16 **22** 正解 ②

重要度 ★★★

キーワード 主要国の自動車保有台数

ポイント 自動車の保有台数が最も多い国はアメリカ、台数は多いが人口 100 人当たり自動車保有台数が少ないのは中国である。

問17 **23** 正解 ②

重要度 ★★★

キーワード 距離問題

ポイント 同じ経度に位置する二つの地点は緯度が 90 度離れている。4 万× 90/360 ＝ 10000Km。この類型の問題はしっかりとおさえておく。

問18 **24** 正解 ③

重要度 ★★★

キーワード 世界各地の民族問題

ポイント カナダのケベック州はフランス語話者が多く、議会を通じて独立運動を行っている。

問19 **25** 正解 ④

重要度 ★★

キーワード イタリアの特徴

ポイント イタリアは火山と地震が多い。また地中海性気候であるため、ブドウやオレンジの生産が多い。

問20 **26** 正解 ④

重要度 ★★

キーワード 世界の交通と移動

ポイント アメリカでは長距離の貨物の運搬には鉄道の利用が多く、乗客は飛行機の利用が多い。

問21 **27** 正解 ④

重要度 ★★

キーワード 単一国家と連邦国家

ポイント アメリカ・ブラジル・スイス・ドイツなど連邦国家の例をしっかりおさえておく。

問22 **28** 正解 ②

重要度 ★★

キーワード 選挙制度の特徴

ポイント 小選挙区制・大選挙区制・比例代表制の特徴は必ず理解しておく。

問23 **29** 正解 ④

重要度 ★★★

キーワード 新しい人権

ポイント 生存権は社会権に該当する。他は「新しい人権」である。

問24 **30** 正解 ④

重要度 ★

キーワード 難民問題

ポイント 日本は難民の受け入れにおいて消極的な姿勢であることをおさえておく。

問25 **31** 正解 ①

重要度 ★★★

キーワード 勢力均衡と集団安全保障

ポイント カントの『永遠平和のために』は集団安全保障を唱えている。第一次世界大戦までは勢力均衡、国際連盟が登場してから集団安全保障が始まる。

問26 **32** 正解 ④

重要度 ★★★

キーワード 「法の支配」の意味

ポイント 「法の支配」とは権力を法によって拘束するという原理である。

問27 **33** 正解 ②

重要度 ★★★

キーワード 国際連合と加盟国

ポイント 国際連合にアメリカは設立当初から、日本は 1956 年から、スイスは 2002 年から参加している。

問28 **34** 正解 ③

重要度 ★★★

キーワード フランス革命の理解

ポイント フランス革命ではその原因となった身分制が打破された。フランス革命の原因とその結果について把握しておく。

問29 **35** 正解 ②

重要度 ★

キーワード 南米国家の独立

ポイント シモン・ボリバルによって南米の多くの国はスペインからの独立を果たした。チェ・ゲバラはキューバ革命に影響を与えた人物である。

問30 **36** 正解 ③

重要度 ★

キーワード スペイン内戦

ポイント スペイン内戦と関連のある絵としてピカソのゲルニカも知っておく。

問31 **37** 正解 ③

重要度 ★★★

キーワード 19 世紀のアメリカ大陸

ポイント 南北戦争中のゲティスバーグ演説は個別にも出題が多い。

問32 **38** 正解 ④

重要度 ★★★

キーワード 日本の帝国主義と日露戦争

ポイント 南京条約はアヘン戦争の結果によるもので、遼東半島を獲得したのは下関条約である。三国干渉に関する内容もしっかり覚えておく。

第3回 正解

問	解答番号	正解	重要度
問1	1	①	★
	2	③	★★
	3	①	★★★
	4	①	★★★
問2	5	②	★★
	6	③	★★
	7	④	★
	8	④	★★★
問3	9	④	★★
問4	10	①	★
問5	11	③	★★
問6	12	②	★★★
問7	13	①	★★
問8	14	④	★★
問9	15	③	★★★
問10	16	③	★★
問11	17	②	★★★
問12	18	①	★★★
問13	19	②	★★

問	解答番号	正解	重要度
問14	20	④	★★★
問15	21	④	★★
問16	22	④	★★★
問17	23	②	★★
問18	24	③	★★
問19	25	③	★★★
問20	26	④	★★
問21	27	③	★★★
問22	28	①	★★★
問23	29	③	★★★
問24	30	④	★★
問25	31	④	★★
問26	32	③	★★★
問27	33	③	★★★
問28	34	④	★★★
問29	35	④	★★
問30	36	④	★★
問31	37	①	★★★
問32	38	①	★★★

第3回 解説

問1 (1) 1 正解 ①

重要度 ★★★
キーワード チェチェン紛争
ポイント カスピ海とバルト海の位置を把握しておく。また、チェチェンを含む各地で起きている分離独立運動は知っておく。

問1 (2) 2 正解 ③

重要度 ★★
キーワード 旧ユーゴスラビア紛争
ポイント 旧ユーゴスラビアが分離独立して形成された現在の国家には、セルビア、モンテネグロ、ボスニア・ヘルツェゴビナ、北マケドニア、クロアチア、スロベニアがある。

問1 (3) 3 正解 ①

重要度 ★★★
キーワード 新期造山帯の山脈
ポイント 新期造山帯の山脈はおさえておく。①はアルプス山脈 ②はウラル山脈 ③グレートディバイディング山脈 ④アパラチア山脈

問1 (4) 4 正解 ①

重要度 ★★★
キーワード 天然ガスの特徴
ポイント 天然ガスはロシアが生産や輸出が多く、石炭や石油よりクリーンである。

問2 (1) 5 正解 ②

重要度 ★★
キーワード 1960 年代の日本
ポイント 1964 年は日本が OECD に加盟した年である。中国との国交正常化は 1972 年、カンボジアで PKO 活動を行ったのは 1992 年である。

問2 (2) 6 正解 ③

重要度 ★★
キーワード ブエノスアイレスの位置
ポイント アルゼンチンのブエノスアイレスは南米にあるため、西経、また南緯に位置する。

問2 (3) 7 正解 ④

重要度 ★
キーワード イスタンブールの位置と特徴
ポイント イスタンブールはトルコにある都市で、マルマラ海とボスポラス海峡に接し、ヨーロッパとアジアをつないでいる。また、トルコの首都はアンカラである。

問2 (4) 8 正解 ④

重要度 ★★★
キーワード 第二次世界大戦の始まり
ポイント ドイツのポーランド侵攻から始まった。①，②，③は第一次世界大戦に関する記述である。

問3 9 正解 ④

重要度 ★★
キーワード 寡占市場の特徴
ポイント 寡占市場は参入が難しく、規模が小さい市場ほど形成されやすい。④はプライスリーダーによる協調的寡占である。

問4 10 正解 ①

重要度 ★
キーワード 信用創造の計算
ポイント ［総額＝本源的預金× 1/ 支払準備率］である。この中で最初の預金額が 1,000 万円だったので、9,000 万円が信用創造されたことになる。

問5 11 正解 ③

重要度 ★★

キーワード 可処分所得の意味

ポイント 可処分所得は給料のうち、個人が自分の意思で自由に処分できる部分をいう。つまり、所得から税金や保険料などを除いた、消費や投資を行う額をいう。

問6 12 正解 ②

重要度 ★★★

キーワード 需給曲線の移動

ポイント 生産の原材料の価格が下落すると生産が増加する。供給曲線が右に移ったと考えればよい。従って均衡価格は下がり、数量は増える。弾力性とは関係がない。

問7 13 正解 ①

重要度 ★★

キーワード GDP デフレータの理解

ポイント GDP デフレータに関する内容である。1.1 という数値は GDP デフレータであり、物価が10%上がったことを意味する。名目 GDP と実質 GDP の違いを知っておく。

問8 14 正解 ④

重要度 ★★

キーワード 株式と社債の違い

ポイント 株式と社債は区別する。株式は配当金がもらえるが、社債は利子がもらえる。銀行預金に比べて危険であるため、安全性が低い。銀行預金よりは会社が倒産し、価値がなくなる可能性が大きいからである。

問9 15 正解 ③

重要度 ★★★

キーワード 経済主体の構成

ポイント 経済主体は家計・企業・政府である。A は補助金や代金を受け取るため、企業である。B は政府、C は家計である。

問10 16 正解 ③

重要度 ★★

キーワード GNI、NNI、NI の理解

ポイント GNI（国民純所得）－固定資本減耗－（間接税－補助金）＝ NI（国民所得）

問11 17 正解 ②

重要度 ★★★

キーワード 消費税の特徴

ポイント 消費税は誰にでも同じ税率なので、貧しい人こそ負担が大きくなる逆進性をもつ。しかし、消費する際につく税金などで安定的な税収が得られる長所がある。

問12 18 正解 ①

重要度 ★★★

キーワード 世界大恐慌とケインズ

ポイント 世界大恐慌を含め、不況の原因は総需要の減少である。そして恐慌に対応する理論としてケインズの有効需要理論が台頭する。

問13 19 正解 ②

重要度 ★★

キーワード 高度経済成長期の要因

ポイント 日本の高度経済成長は円安の下で輸出が増加したことが要因だった。原油を含めた原材料は供給先が増えることで豊富な輸入が可能であった。

問14 **20** 正解 ④

重要度 ★★★

キーワード 不況期と財政政策

ポイント 不況時には公共事業を増やし、財政の支出を増加させる。減税を行い、消費を促すことも行う。また、財政政策と金融政策は区分しておく。

問15 **21** 正解 ④

重要度 ★★

キーワード 世界金融危機の原因

ポイント 2008 年の世界金融危機は、アメリカの住宅バブル崩壊からリーマン・ブラザースという金融企業が倒産したことから始まった。

問16 **22** 正解 ④

重要度 ★★★

キーワード 地中海性気候の分布

ポイント オーストラリアの南部、地中海沿岸（アフリカ北部を含む）は地中海性（Cs）気候がみられる。

問17 **23** 正解 ②

重要度 ★★

キーワード OECD の加盟国

ポイント スイスと日本が含まれている協力体は OECD しかない。

問18 **24** 正解 ③

重要度 ★★

キーワード 各国の鉄道利用

ポイント 旅客利用の割合が高ければ日本、低ければアメリカである。中国とインドは旅客や貨物とも数値が高い。

問19 **25** 正解 ③

重要度 ★★★

キーワード 日本国憲法の基本的権利

ポイント 参政権とは選挙や国民投票、住民投票などで政治に参加する権利をいう。集会を開くことは「集会・結社の自由」であり、自由権に含まれる。

問20 **26** 正解 ④

重要度 ★★

キーワード 日本の国会

ポイント 「国権の最高機関」であるのは主権を持つ国民が選出したからである。

問21 **27** 正解 ③

重要度 ★★★

キーワード 違憲立法審査権

ポイント 違憲立法審査権は裁判官が持つ権利であり、具体的な事件（訴訟）があった場合に発動できる。

問22 **28** 正解 ①

重要度 ★★★

キーワード アメリカの大統領制の特徴

ポイント アメリカの大統領には議会を解散する権利が与えられていない。議会をけん制する権利として「法案拒否権」がある。

問23 **29** 正解 ③

重要度 ★★★

キーワード 日本の地方自治体

ポイント 日本の地方自治体は「3 割自治」といわれるほど、自主財源の比率が低く、国家の補助金に依存する傾向がある。

問24 30 正解④

重要度 ★★

キーワード フランス人権宣言

ポイント フランス人権宣言は18世紀末に登場したもので、④の社会権などは含まれていない。

問25 31 正解④

重要度 ★★

キーワード 日本の社会保険制度

ポイント 医療保険と年金の加入は義務である。雇用保険は雇用主と労働者が負担をするが、国費が投入されることもある。

問26 32 正解③

重要度 ★★★

キーワード 東ヨーロッパの共産主義

ポイント ギリシアはアメリカの経済的支援もあり、共産主義ではなかった。

問27 33 正解③

重要度 ★★★

キーワード 第三世界の動き

ポイント 非同盟諸国会議は第三世界が主導して開催され、現在まで続いている。

問28 34 正解④

重要度 ★★★

キーワード PTBTの内容

ポイント 1963年に結ばれたPTBT（部分的核実験禁止条約）は地下を除く大気圏や水中で核実験を禁止するものであった。

問29 35 正解④

重要度 ★★

キーワード 1970年代の世界

ポイント 「封じ込め政策」は冷戦初期の1940年代の後半の政策であり、トルーマン大統領の時代であった。

問30 36 正解④

重要度 ★★

キーワード 冷戦の終焉と東欧

ポイント ユーゴスラビア連邦共和国は冷戦終結と民族独立によって内戦が起きた。ドイツは西ドイツが吸収するかたちで統一が行われ、ビロード革命が起きたのはチェコスロヴァキアである。

問31 37 正解①

重要度 ★★★

キーワード レーガン大統領の政策

ポイント レーガン大統領は「レーガノミクス」と呼ばれる、小さな政府を目指す政策を行った。

問32 38 正解①

重要度 ★★★

キーワード 1920年代のドイツ

ポイント ワイマール憲法は社会権を認めた最初の憲法であった。1920年代のドイツでは貨幣の増発によってハイパーインフレーションが起きた。

第４回 正解

問	解答番号	正解	重要度
問１	1	②	★
	2	①	★★
	3	④	★
	4	②	★★
問２	5	②	★★
	6	④	★★
	7	①	★★★
	8	①	★★
問３	9	③	★
問４	10	③	★★★
問５	11	④	★★★
問６	12	②	★★
問７	13	①	★★
問８	14	①	★
問９	15	②	★
問10	16	④	★★★
問11	17	③	★★
問12	18	④	★★
問13	19	②	★★★

問	解答番号	正解	重要度
問14	20	②	★
問15	21	④	★
問16	22	①	★★★
問17	23	②	★★★
問18	24	③	★★
問19	25	④	★
問20	26	④	★★★
問21	27	①	★
問22	28	①	★★★
問23	29	③	★★★
問24	30	④	★★
問25	31	③	★★★
問26	32	④	★★
	33	④	★★
問27	34	④	★★
問28	35	③	★★★
問29	36	①	★
	37	②	★★★
問30	38	①	★★

第４回　解説

問1 (1) 1　正解②

重要度　★

キーワード　サンゴ礁島の例

ポイント　サンゴ礁島とともに温暖化による海水面上昇の地域を類推して解く。

問1 (2) 2　正解①

重要度　★★

キーワード　熱帯気候の特徴

ポイント　熱帯気候は年較差がほとんどなく、常緑広葉樹が分布する。小麦は熱帯気候ではあまり育たない。

問1 (3) 3　正解④

重要度　★

キーワード　イギリス連邦

ポイント　過去イギリスの植民地であった地域であるが、アメリカ合衆国は含まれていない。

問1 (4) 4　正解②

重要度　★★

キーワード　GDP と国際経済

ポイント　GDP が高い国はアメリカ・中国・日本・ドイツの順である。また GDP だけではその国の経済格差は読み取れない。

問2 (1) 5　正解②

重要度　★★

キーワード　イスラエルの位置

ポイント　イスラエルの位置を把握しておく。

問2 (2) 6　正解④

重要度　★★

キーワード　オスマン帝国の歴史

ポイント　オスマン帝国は第一次世界大戦後、トルコ革命によりスルタン制が廃止され、共和国へ移行した。

問2 (3) 7　正解①

重要度　★★★

キーワード　国際連合の総会の特徴

ポイント　総会は多数決であり、加盟国にそれぞれ１票が与えられる。安保理とは区分しておさえておく。

問2 (4) 8　正解①

重要度　★★

キーワード　NPT の加盟国

ポイント　NPT の未加盟国は米・英・仏・中・露を除き、核を所持（あるいは開発）している国である。

問3 9　正解③

重要度　★

キーワード　外部不経済と内部化

ポイント　公害により外部不経済が発生した場合、社会が負担する社会的費用は大きいが、公害を発生させる企業の私的費用が小さいので超過供給が発生する。従って、企業に対して費用を負担させ、外部不経済の内部化を行う。

問4 10　正解③

重要度　★★★

キーワード　経常収支の構成

ポイント　経常収支は貿易収支＋サービス収支＋第一次所得収支＋第二次所得収支で構成される。

問5 11 正解④

重要度 ★★★

キーワード 円高と円安の原因と結果

ポイント 円安になると日本の企業が輸出する商品の価格競争力が高くなる。

問6 12 正解②

重要度 ★★

キーワード GNPの計算

ポイント 最終生産物の合計がGNPになるのでパンの販売額が答えになる。

問7 13 正解①

重要度 ★★

キーワード 公債の発行

ポイント 公債を大量に発行するとインフレーションを招く恐れがある。1970年代に赤字公債が発行されたのは第一次石油危機の影響である。

問8 14 正解①

重要度 ★

キーワード 円高と物価の関係

ポイント グラフのA部分は世界金融危機により、円高が進んだ時期である。円高になると輸入品の値段が安くなる。

問9 15 正解②

重要度 ★

キーワード アメリカと家計の資産運用

ポイント アメリカは直接金融、日本は間接金融の割合が高い。従ってアメリカは株式、日本は預金が多くなる。

問10 16 正解④

重要度 ★★★

キーワード 日本銀行の役割

ポイント 日本銀行は民間企業や家計とは取引を行わない。

問11 17 正解③

重要度 ★★

キーワード 資本主義と社会主義の理解

ポイント ヨーロッパ諸国は「大きな政府」であり、アメリカは相対的に「小さな政府」といえる。社会主義経済は生産手段の社会的所有を基本としている。

問12 18 正解④

重要度 ★★

キーワード 独占禁止法の内容

ポイント カルテル・トラストなどを禁止し、公正な競争を保つ内容である。④の海外進出を規制することはない。

問13 19 正解②

重要度 ★★★

キーワード 牛肉の輸入先

ポイント 日本の牛肉はオーストラリアとアメリカに集中している。木材はアメリカとカナダより、石炭はオーストラリアとインドネシアからの輸入が多い。

問14 20 正解②

重要度 ★

キーワード 福島の位置

ポイント 福島の位置を知っておく。

問15 **21** 正解④

重要度 ★

キーワード 気圧の配置

ポイント 日本の北西の大陸が高気圧で、太平洋の方が低気圧に配置される季節は「冬」である。一般に風は「高気圧」から「低気圧」に吹くのでこの配置では北西季節風が吹く。

問16 **22** 正解①

重要度 ★★★

キーワード ケッペンの気候区分

ポイント ②回帰線付近や内陸部は乾燥気候であり、③ニューヨークは温暖湿潤気候、④バオバブやアカシア類などが生育するのは熱帯サバナ気候である。

問17 **23** 正解②

重要度 ★★★

キーワード 主な作物の生産地域

ポイント 南アメリカで生産が最も多いのはコーヒー豆である。①茶はアジア ③オリーブはヨーロッパ ④米はアジアの割合が高い。

問18 **24** 正解③

重要度 ★★

キーワード イスラム教の分布

ポイント 地図はイスラム教が多数である地域を指す。

問19 **25** 正解④

重要度 ★

キーワード 札幌と沖縄の特徴

ポイント 日本は全域で東経135度を標準時としている。札幌市の方が那覇市より人口が多い。年間降水量は那覇市が多い。

問20 **26** 正解④

重要度 ★★★

キーワード オゾン層破壊の原因

ポイント オゾン層破壊の原因になるのはエアコン・冷蔵庫・スプレーから排出されるフロンガスである。

問21 **27** 正解①

重要度 ★

キーワード 常任委員会と特別委員会

ポイント 特別委員会とは、日本が解決しなければならない社会問題を論議するためにそのつど組織されるものである。②③④はすべて特別委員会である。

問22 **28** 正解①

重要度 ★★★

キーワード 小選挙区制の理解

ポイント 小選挙区制は死票が多く、国民の意見が十分に反映されない短所がある。しかし、二大政党制になりやすいため、国政が安定する長所がある。

問23 **29** 正解③

重要度 ★★★

キーワード 日本国憲法の特徴

ポイント 日本国憲法は現在まで改正されたことがないが、議員の2/3の発議と国民投票1/2以上の賛成多数を経て改正することは可能である。

問24 **30** 正解④

重要度 ★★

キーワード 一票の格差と議員定数問題

ポイント 一票の格差は日本の選挙における問題で「法の下の平等」に違反していると指摘されている。

問25 31 正解③

重要度 ★★★

キーワード 行政国家と民主化

ポイント 行政指導とは公務員が行う行為であり、行政を監視する制度ではない。

問26 (1) 32 正解④

重要度 ★★

キーワード サンフランシスコ平和条約

ポイント サンフランシスコ平和条約は「単独講和」になり、共産主義国家やユーゴスラビアなどとは条約が締結されなかった。

問26 (2) 33 正解④

重要度 ★★

キーワード 鳩山一郎の業績

ポイント ①田中角栄 ②中曾根康弘 ③佐藤栄作に関する記述である。

問27 34 正解④

重要度 ★★

キーワード ワシントン会議

ポイント ワシントン会議によって日英同盟は解消された。

問28 35 正解③

重要度 ★★★

キーワード 冷戦時代のアメリカ大統領

ポイント ①トルーマンはソ連封鎖政策をとった。②ニクソンはベトナム戦争から撤退した。

問29 (1) 36 正解①

重要度 ★

キーワード ドイツ帝国の成立

ポイント 1871年のドイツ帝国で行われた選挙は「男子普通選挙」である。

問29 (2) 37 正解②

重要度 ★★★

キーワード 社会主義運動

ポイント 労働者の間で専制政治を批判する社会運動が起きたが、ビスマルクは社会主義者鎮圧法を制定して弾圧した。

問30 38 正解①

重要度 ★★

キーワード ウィーン会議

ポイント 「正統主義」とはフランス革命前の状態に戻そうとする考えで、ウィーン会議で唱えられた。

第 5 回　正解

問	解答番号	正解	重要度
問 1	1	④	★★★
	2	④	★★
	3	①	★★★
	4	④	★★
問 2	5	③	★★
	6	③	★★
	7	①	★★★
	8	①	★★
問 3	9	①	★★★
問 4	10	④	★★
問 5	11	④	★
問 6	12	②	★★★
問 7	13	④	★★★
問 8	14	①	★★★
問 9	15	①	★★★
問 10	16	④	★★
問 11	17	③	★★★
問 12	18	③	★
問 13	19	③	★★

問	解答番号	正解	重要度
問 14	20	③	★★
問 15	21	②	★★★
問 16	22	③	★★
問 17	23	②	★★
問 18	24	②	★
問 19	25	③	★★★
問 20	26	③	★★
問 21	27	②	★★★
問 22	28	④	★★★
問 23	29	③	★★★
問 24	30	②	★★
問 25	31	②	★★★
問 26	32	③	★★
問 27	33	②	★★★
問 28	34	①	★★★
問 29	35	②	★★★
問 30	36	②	★
問 31	37	②	★★★
問 32	38	③	★★★

第5回 解説

問1 (1) 1 正解④

重要度 ★★★
キーワード 第二次世界大戦後の情勢
ポイント ②は第一次世界大戦中であり、①，③は第一次世界大戦後である。

問1 (2) 2 正解④

重要度 ★★
キーワード ベルリンの位置
ポイント ベルリンはドイツの東に位置する。

問1 (3) 3 正解①

重要度 ★★★
キーワード 資本主義の特徴
ポイント ①は共産主義の特徴である。資本主義の特徴と弊害についてはしっかりおさえておく。

問1 (4) 4 正解④

重要度 ★★
キーワード 公営企業の理解
ポイント 国営企業は赤字になった場合に財政により賄われることが多い。それにより民営化されることも多い。

問2 (1) 5 正解③

重要度 ★★
キーワード アメリカの貿易
ポイント アメリカは水産物の輸入が最も多い。農産物の輸出も多いが最も多いわけではない。

問2 (2) 6 正解③

重要度 ★★
キーワード 第二次世界大戦の背景
ポイント 世界大恐慌の際に行われたブロック経済は、ファシズムの台頭を促し、第二次世界大戦の背景の一つとなった。

問2 (3) 7 正解①

重要度 ★★★
キーワード 日米貿易摩擦
ポイント 60年代は繊維、70年代は鉄鋼、80年代は自動車と半導体において貿易摩擦が起きた。

問2 (4) 8 正解①

重要度 ★★
キーワード G7（サミット）
ポイント 米・英・仏・独・日本に加え、カナダとイタリアが含まれる。それぞれ国の首脳は誰かを把握しておく。

問3 9 正解①

重要度 ★★★
キーワード 景気変動と波
ポイント シュンペーターが主張した景気変動の要因は技術革新である。10年を周期とする波は企業の設備投資が原因である。

問4 10 正解④

重要度 ★★
キーワード 直接税と間接税
ポイント 税負担者と納税義務者が一致するのは直接税、税負担者と納税義務者が一致しないのは間接税である。

問5 11 正解④

重要度 ★

キーワード 需要曲線と供給曲線の応用

ポイント 需要曲線と供給曲線の均衡点が存在しない。つまり対価を払わず自由に利用できるものである。

問6 12 正解②

重要度 ★★★

キーワード 財政政策と金融政策

ポイント 税率を下げることと支払準備率を下げることは政府や中央銀行が不況期に行う政策である。

問7 13 正解④

重要度 ★★★

キーワード スタグフレーションの理解

ポイント スタグフレーションは景気が悪化しているにもかかわらず物価が上昇する現象であり、1970年代の石油危機の際に起こったものが代表的な例である。

問8 14 正解①

重要度 ★★★

キーワード 国民所得とGDP

ポイント ある国の国内で生産された最終生産物の市場価値の合計をGDPという。GDPによりその国の経済規模は判断できるが、福祉の水準は判断できない。

問9 15 正解①

重要度 ★★★

キーワード 歳出項目の割合

ポイント 日本の一般会計予算において歳出が多い項目は社会保障、国債費、地方交付税交付金の順である。

問10 16 正解④

重要度 ★★

キーワード 戦後日本の経済

ポイント 戦後、日本は日銀の国債引き受けなどにより、インフレーションにさらされた。そして均衡予算政策であるドッジラインが行われた。

問11 17 正解③

重要度 ★★★

キーワード 日本の貿易収支

ポイント 日本は貿易において黒字であったが、2011年から15年までは赤字を記録した。

問12 18 正解③

重要度 ★

キーワード 日本の都道府県別所得

ポイント 東京に次いで1人当たり個人所得が高い地域は愛知である。沖縄は一人当たり所得がもっとも低い。

問13 19 正解③

重要度 ★★

キーワード 日本の環境問題と政策

ポイント 汚染者負担原則、無過失責任主義などは日本の環境問題の対策として重要である。

問14 20 正解③

重要度 ★★

キーワード 地図と地球儀の特徴

ポイント 地図と地球儀はそれぞれ特徴を持つ。とくに地図は図法によって距離・角度・方位・面積が実際と比べ歪むのでその特徴を把握する。

問15 **21** 正解 ②

重要度 ★★★

キーワード 各国の輸出相手国

ポイント Aはカナダとメキシコへの輸出が多いのでアメリカ、Bは香港への輸出が多いため中国である。

問16 **22** 正解 ③

重要度 ★★

キーワード 東京の気候

ポイント Aは札幌、Bは鳥取、Dは那覇（沖縄）である。

問17 **23** 正解 ②

重要度 ★★

キーワード アメリカの標準時

ポイント ニューヨークは西経75度、サンフランシスコは西経120度を標準時としている。従って3時間の時差がある。

問18 **24** 正解 ②

重要度 ★

キーワード ヨーロッパの地理

ポイント 黒海は地中海とつながる。黒海に面している国はウクライナである。地図をみて確認しておく。

問19 **25** 正解 ③

重要度 ★★★

キーワード 三角図表

ポイント X点での第一次産業に従事する就業者の比率は10%、第二次は20%、第三次は70%である。三角図表は頻出なので読み方をしっかり勉強しておく。

問20 **26** 正解 ③

重要度 ★★

キーワード 権利の章典

ポイント 権利の章典は国王に対する議会の優位を定めたもので、「法の支配」の発展過程の一つといえる。

問21 **27** 正解 ②

重要度 ★★★

キーワード 夜警国家

ポイント 国防・治安・外交に役割を限る国を「夜警国家」という。

問22 **28** 正解 ④

重要度 ★★★

キーワード 各国の政治制度

ポイント カナダは首相が存在し、形式的に総督が置かれているが、政治的実権は持たない。

問23 **29** 正解 ③

重要度 ★★★

キーワード 日本の議院内閣制

ポイント 内閣は法律案を提出することが可能であるが、近年はその数が議員の提出する法律案より多い。行政国家の現象の一つである。

問24 **30** 正解 ②

重要度 ★★

キーワード 国際法の特徴

ポイント 国際法は強制力がなく、立法機関が存在しない。成文法と慣習によって定められた不文法がある。

問25 **31** 正解 ②

重要度 ★★★

キーワード 地球環境問題

ポイント オゾン層の破壊は高緯度のほうが低緯度より深刻である。二酸化炭素の最大排出国は中国であり、アメリカと中国は京都議定書に参加していない。

問26 **32** 正解 ③

重要度 ★★

キーワード 少子高齢化と社会問題

ポイント 少子高齢化が進むにつれ、年金の給付額は増加し、若者の年金負担が増している。

問27 **33** 正解 ②

重要度 ★★★

キーワード フランス革命の背景と影響

ポイント フランス革命の背景には身分制度と財政難があった。貴族の贅沢な生活とアメリカ独立戦争への参戦が財政難の原因となった。

問28 **34** 正解 ①

重要度 ★★★

キーワード 諸国民の春

ポイント 1848 年、ヨーロッパ各地で広がり、ウィーン体制が崩壊した。民族主義と自由主義が発展し、ドイツでは統一の動きが活発になった。

問29 **35** 正解 ②

重要度 ★★★

キーワード 1920 ～ 30 年代の情勢

ポイント ドイツはロカルノ条約により国際連盟へと加入し、スペインではフランコによる独裁が始まった。マーシャルプランは第二次世界大戦後のできごとである。

問30 **36** 正解 ②

重要度 ★

キーワード UNESCO の憲章

ポイント UNESCO の憲章は有名である。

問31 **37** 正解 ②

重要度 ★★★

キーワード 冷戦時代の出来事

ポイント ①武力衝突はなかった。③湾岸戦争は冷戦後 ④ベトナム戦争でアメリカは勝利できなかった。

問32 **38** 正解 ③

重要度 ★★★

キーワード ゴルバチョフの改革

ポイント 「ペレストロイカ」といわれ、複数政党制や市場経済の導入が核心である。

第 6 回　正解

問	解答番号	正解	重要度
問 1	1	②	★★
	2	④	★★
	3	②	★
	4	④	★
問 2	5	②	★
	6	②	★★
	7	①	★
	8	①	★★
問 3	9	④	★★
	10	①	★★
問 4	11	①	★★
問 5	12	④	★
問 6	13	①	★★★
問 7	14	③	★★
問 8	15	②	★★★
問 9	16	②	★★★
問 10	17	④	★★
問 11	18	②	★★★
問 12	19	③	★★

問	解答番号	正解	重要度
問 13	20	④	★★
問 14	21	③	★★
問 15	22	②	★★★
問 16	23	①	★★
問 17	24	④	★★
問 18	25	④	★★
問 19	26	④	★★★
問 20	27	②	★★
問 21	28	①	★★★
問 22	29	②	★★
問 23	30	②	★
問 24	31	①	★★★
問 25	32	③	★★
問 26	33	④	★
問 27	34	④	★★
問 28	35	②	★
問 29	36	①	★★
問 30	37	②	★★
問 31	38	②	★

第6回 解説

問1 (1) 1 正解 ②

重要度 ★★

キーワード ペルシャ湾の位置

ポイント ペルシャ湾の位置を覚えておく。

問1 (2) 2 正解 ④

重要度 ★★

キーワード 主要国の人口

ポイント アメリカ、メキシコ、ナイジェリアはすべて世界 10 位以内に入る人口の多い国である。

問1 (3) 3 正解 ②

重要度 ★

キーワード イラン・イラク戦争

ポイント イラン革命の翌年に勃発した戦争はイラン・イラク戦争である。

問1 (4) 4 正解 ④

重要度 ★

キーワード 国際原子力機関

ポイント 国際原子力機関（IAEA）は専門機関ではない。

問2 (1) 5 正解 ②

重要度 ★

キーワード 三位一体改革

ポイント 地方自治体へ財源を委譲する「三位一体改革」は小泉純一郎内閣における改革である。

問2 (2) 6 正解 ②

重要度 ★★

キーワード 日本の地域別人口分布

ポイント 東京は労働人口が多く、沖縄は出生率が高い。北海道は高齢者の割合が相対的に高い。

問2 (3) 7 正解 ①

重要度 ★

キーワード 行政と効率

ポイント 社会保障などをさらに効率的に行うことで、行政の効率化は高まる。情報の収集や照会が可能になることで効率は高くなる。

問2 (4) 8 正解 ①

重要度 ★★

キーワード 住民投票

ポイント 住民投票は住民が直接ある案件について投票する制度で直接民主制を実現する手段の一つである。条例によって行われるのが一般で、直接請求権とともに住民の意思を表明する手段である。

問3 (1) 9 正解 ④

重要度 ★★

キーワード 日本銀行の特徴

ポイント 日本銀行は独立した機関であり、厳密には公私合同企業である。

問3 (2) 10 正解 ①

重要度 ★★

キーワード 支払準備率

ポイント 日本銀行が支払準備率を引き上げると、市中銀行は資金運用が厳しくなり、金利も上がることになる。

問4 11 正解 ①

重要度 ★★

キーワード 需要曲線と供給曲線の応用

ポイント 金融市場において需要曲線が右へ移動することは資金を求める主体が多くなったことを意味する。一般に企業の設備投資が増える現象であるが、景気回復が見込まれる時に起こることが多い。

問5 12 正解 ④

重要度 ★

キーワード 貸借対照表の読み方

ポイント 総資産は 1,650 であり、総負債は 900、固定資産は 1,100 である。純資産は総資産から負債をひいたものであり、750 である。

問6 13 正解 ①

重要度 ★★★

キーワード 寡占の例

ポイント 同一業種が価格・生産量などについて協定を結ぶことをカルテルという。トラストと区分して把握する。メセナは企業の文化支援活動をいう。

問7 14 正解 ③

重要度 ★★

キーワード ブレトンウッズ体制の崩壊

ポイント 1952 年、日本は IMF に加入した。OECD の加盟は 1964 年である。ベトナム戦争によってアメリカはドル不足が深刻になった。

問8 15 正解 ②

重要度 ★★★

キーワード 財政の機能

ポイント 財政の機能には所得再分配・資源配分（公共財など）・景気調整機能がある。

問9 16 正解 ②

重要度 ★★★

キーワード 二酸化炭素排出国

ポイント 最も二酸化炭素の排出が多いのは中国である。日本やロシアは京都議定書の参加もあり、ほとんど増加していない。

問10 17 正解 ④

重要度 ★★

キーワード 債務残高の順位

ポイント 世界で債務残高対 GDP の比率が高い国は日本・イタリアなどである。相対的にドイツは低い。

問11 18 正解 ②

重要度 ★★★

キーワード 日本の気候

ポイント 冬に降水量が多いので雪が多い、日本海（東海）側気候を指す。

問12 19 正解 ③

重要度 ★★

キーワード 中南米の諸国

ポイント 中南米諸国の中で最も独立が早かったのはハイチである。

問13 20 正解 ④

重要度 ★★

キーワード 日本の貿易の特徴

ポイント アジア NIES（韓国・香港・台湾・シンガポール）は日本との貿易で輸入が多い。

問14 21 正解 ③

重要度 ★★

キーワード オリーブの生産地域

ポイント スペイン・イタリア・モロッコなどは地中海性気候であり、その気候条件で生産されるのはオリーブである。

問15 22 正解 ②

重要度 ★★★

キーワード 大陸東岸と西岸の気候

ポイント 大陸東岸は季節風の影響で年較差が大きく、大陸西岸は偏西風の影響で年較差が小さい。

問16 **23** 正解 ①

重要度 ★

キーワード 赤道が通る国

ポイント エクアドルはスペイン語で「赤道」という意味。

問17 **24** 正解 ④

重要度 ★★

キーワード 1人当たりGNIの順位

ポイント ヨーロッパの小国は1人当たりGDPが高くなる傾向にあり、ノルウェーも高い方である。

問18 **25** 正解 ④

重要度 ★★

キーワード 経線と緯線

ポイント 本初子午線と赤道がどこを通るかは知らなければならない。そこから線AとBを推測する。

問19 **26** 正解 ④

重要度 ★★★

キーワード 日本の女性の選挙権

ポイント 日本で女性に選挙権が与えられたのは、GHQ下での改革によるものであった。

問20 **27** 正解 ②

重要度 ★★

キーワード 法定受託事務

ポイント 地方自治体の事務は法的受託事務と自治事務に分かれ、法的受託事務には旅券の交付、外国人の登録や管理、国道管理などがある。

問21 **28** 正解 ①

重要度 ★★★

キーワード 日本の裁判所

ポイント 日本の裁判所は最高裁判所と下級裁判所に分かれ、下級裁判所には高等裁判所、地方裁判所などが含まれる。日本では憲法裁判所は存在しない。

問22 **29** 正解 ②

重要度 ★★

キーワード 功利主義

ポイント 「最大多数の最大幸福」は功利主義に関する、19世紀のイギリスで広がった考えである。

問23 **30** 正解 ②

重要度 ★

キーワード UNCTADと南北問題

ポイント 南北問題や発展途上国に配慮し、1964年に設立された機関はUNCTADである。

問24 **31** 正解 ①

重要度 ★★★

キーワード EUの発足

ポイント イギリスはEEC（ヨーロッパ経済共同体）に対抗するため、EFTAを結成したが、その後、脱退しEC（ヨーロッパ共同体）に加入した。

問25 **32** 正解 ③

重要度 ★★

キーワード 三角貿易とアヘン戦争

ポイント イギリスの綿織物はインドに輸出され、中国では銀が流出した。

問26 **33** 正解 ④

重要度 ★

キーワード 第二次産業革命

ポイント 19世紀後半に起きたアメリカ・ドイツでの産業革命を第二次産業革命といい、石油が使用され、帝国主義をさらにあおることとなった。

問27 **34** 正解 ④

重要度 ★★

キーワード ベルリン西アフリカ会議

ポイント 先占権と実効支配というアフリカ分割のルールが決められ、さらにアフリカ支配が加速した。

問28 35 正解 ②

重要度 ★

キーワード 第一次世界大戦

ポイント 水素爆弾は第二次世界大戦に入り開発されたものである。

問29 36 正解 ①

重要度 ★★

キーワード キューバ革命

ポイント キューバ革命はフィデル・カストロによるもので、アメリカが所有していた土地を国有化した。

問30 37 正解 ②

重要度 ★★

キーワード 第三世界

ポイント ネルー、スカルノ、周恩来、ナセルは第三世界の人物である。アジア・アフリカ会議は第三世界が主導して開かれた。

問31 38 正解 ②

重要度 ★

キーワード 開発独裁

ポイント 政治の安定により、経済成長を優先させ、近代化をすすめることを開発独裁という。インドネシア・フィリピン・韓国などで行われた。

第7回 正解

問	解答番号	正解	重要度
問1	1	①	★
	2	①	★★★
	3	④	★★
	4	①	★★
問2	5	②	★★
	6	③	★★
	7	③	★★★
	8	①	★★
問3	9	④	★★★
	10	②	★★★
問4	11	③	★★
問5	12	②	★★
問6	13	③	★★★
問7	14	①	★★★
問8	15	③	★★
問9	16	②	★★★
問10	17	④	★★★
問11	18	①	★★★
問12	19	④	★★

問	解答番号	正解	重要度
問13	20	③	★★
問14	21	②	★★
問15	22	③	★
問16	23	③	★★★
問17	24	④	★★
問18	25	①	★
問19	26	①	★★★
問20	27	④	★★★
問21	28	④	★
問22	29	④	★★
問23	30	①	★★★
問24	31	④	★
問25	32	②	★★★
問26	33	③	★★
問27	34	③	★★★
問28	35	④	★★
問29	36	①	★★★
問30	37	③	★★★
問31	38	②	★★

第7回 解説

問1 (1) 1 正解 ①

重要度 ★

キーワード 沖縄の位置

ポイント 沖縄の位置をみておく。

問1 (2) 2 正解 ①

重要度 ★★★

キーワード 主な都市の気候

ポイント サンフランシスコは地中海性気候、ロンドンとパリは西岸海洋性気候である。

問1 (3) 3 正解 ④

重要度 ★★

キーワード 沖縄返還協定

ポイント 沖縄返還協定は佐藤栄作とニクソンの間で行われた。

問1 (4) 4 正解 ①

重要度 ★★

キーワード ワシントン D.C

ポイント ワシントン D.C はアメリカの東岸に位置し、立法・司法・行政など政治の中心である。ILO の本部はジュネーヴである。

問2 (1) 5 正解 ②

重要度 ★★

キーワード 立憲君主制の国

ポイント フランス、スイス、ロシアは大統領が存在する。

問2 (2) 6 正解 ③

重要度 ★★

キーワード 世界各地の独立運動

ポイント スコットランドはイギリスから独立を、フランドルはベルギーから、バスクはスペインから独立を主張している。

問2 (3) 7 正解 ③

重要度 ★★★

キーワード 国境が山脈である地域

ポイント ウラル山脈はロシア領内にあり、アジアとヨーロッパの境界となっている。

問2 (4) 8 正解 ①

重要度 ★★

キーワード リアス式海岸

ポイント ②は三角江 ③はフィヨルド ④は陸繋島である。

問3 (1) 9 正解 ④

重要度 ★★★

キーワード 株式の特徴

ポイント 株式とは低額面の株を発行し、同時に高額な資金を調達することができる。従って株式会社は資金調達が容易な会社の形態である。

問3 (2) 10 正解 ②

重要度 ★★★

キーワード 株主

ポイント 株主は企業を所有し、株主総会を通じて経営方針を決めるなど企業経営に参与している。

問4 **11** 正解 ③

重要度 ★★

キーワード 需要曲線の弾力性

ポイント 需要・供給の価格弾力性は曲線において傾きで現れる。曲線の傾きが平行に近ければ近いほど弾力性は大きく、垂直に近いほど非弾力的である。

問5 **12** 正解 ②

重要度 ★★

キーワード 外貨準備高の推移

ポイント 外貨準備高が最も多いのは中国であり、その次が日本である。アメリカはそこまで高くないことに注意。

問6 **13** 正解 ③

重要度 ★★★

キーワード 日本の租税の特徴

ポイント 日本で税収が最も多いのは所得税であり、その次が消費税、法人税の順である。（2019年基準）

問7 **14** 正解 ①

重要度 ★★★

キーワード 円高と円安

ポイント 円高とは円の価値が上がることを意味する。1ドル＝80円と1ドル＝125円の中では1ドル＝80円の方が円の価値が高いことを意味する。

問8 **15** 正解 ③

重要度 ★★

キーワード フローとストック

ポイント 国際収支、国民総所得、政府支出は一定の期間に行われる経済活動を表し、フローに該当する。

問9 **16** 正解 ②

重要度 ★★★

キーワード 主な経済学者

ポイント 自国の幼稚産業を政府が保護すべきという主張は、保護貿易に関する内容であり、リストの主張である。

問10 **17** 正解 ④

重要度 ★★★

キーワード 市場の失敗

ポイント ①外部不経済の例　②公共財・公共サービス　③カルテル　したがって①②③は市場の失敗の例である。

問11 **18** 正解 ①

重要度 ★★★

キーワード 小麦とトウモロコシの輸出と輸入

ポイント 小麦の輸出はアメリカが優位であり、とうもろこしの輸入は日本が最も多い。

問12 **19** 正解 ④

重要度 ★★

キーワード フィヨルドの特徴

ポイント フィヨルドは氷河の侵食作用によって形成されたU字状の地形であり、チリなどの南半球にも存在する。地球温暖化による消滅とは直接かかわりがない。

問13 **20** 正解 ③

重要度 ★★

キーワード 主な農作物の生産地域

ポイント さとうきびやコーヒーはブラジルを代表とする南アメリカ大陸において最も生産が多い。カカオはアフリカが多く、その次が南アメリカである。

問14 21 正解 ②

重要度 ★★

キーワード ケッペンの気候区分と仮想大陸

ポイント A 地域は北半球の中緯度の西側に当たるので西岸海洋性気候である。①は冷帯気候 ③温暖湿潤気候 ④熱帯気候である。

問15 22 正解 ③

重要度 ★

キーワード 日付変更線

ポイント 日付変更線の意味を正確に把握しておく。B から A に移動すると 1 日が進め、A から B に移動すると 1 日戻す。

問16 23 正解 ③

重要度 ★★★

キーワード 正距方位図法

ポイント 正距方位図法は方位と距離が正しく表現されている。A 地点は東京の真東にある地域であり、ブエノスアイレスである。

問17 24 正解 ④

重要度 ★★

キーワード 新潟県

ポイント 新潟県は日本で最も米の生産が多い地域である。冬は雪が多く降り、対馬暖流の影響を受ける。

問18 25 正解 ①

重要度 ★

キーワード カルスト地形

ポイント 石炭岩地域で雨水に溶解されてできたすり鉢状の凹地をドリーネという。カルデラは火山地形、砂嘴は砂礫などが沿岸流によって細長く堆積してできた地形である。海岸段丘は海底が隆起して形成された、階段状の地形をいう。

問19 26 正解 ①

重要度 ★★★

キーワード アメリカの政治制度

ポイント アメリカ大統領に法案提出権はなく、三権分立が徹底している。大統領選挙は選挙人団による間接選挙で行われる。

問20 27 正解 ④

重要度 ★★★

キーワード 日本の内閣の権限

ポイント 条例は地方議会が制定するもので内閣の権限ではない。

問21 28 正解 ④

重要度 ★

キーワード 女性の社会進出

ポイント 日本はヨーロッパ諸国に比べ、女性の社会進出や、ジェンダーにおいて不平等だと言われている。

問22 29 正解 ④

重要度 ★★

キーワード 日本国憲法の特徴

ポイント マッカーサー草案をもとにして日本国憲法が制定されたため、日本国憲法の特徴を考えればよい。四民平等は明治時代に身分制度がなくなったことをいう。

問23 30 正解 ①

重要度 ★★★

キーワード 選挙制度の特徴

ポイント 小選挙区制は多数党が有利であるため、二大政党制になりやすい。比例代表制と大選挙区制は逆に小党分立になりがちである。

問24 31 正解④

重要度 ★

キーワード 日本の防衛の基本方針

ポイント 日本の防衛の方針として、専守防衛・文民統制・非核三原則がある。

問25 32 正解②

重要度 ★★★

キーワード 生存権

ポイント 生存権（社会権）に関する文章である。社会権を含めている文書はワイマール憲法である。

問26 33 正解③

重要度 ★★

キーワード 第一次世界大戦で消滅した国家

ポイント 神聖ローマ帝国はナポレオン時代であった 1806 年に解体した。

問27 34 正解③

重要度 ★★★

キーワード 帝国主義時代

ポイント 帝国主義時代にアフリカ分割に加担しなかった列強はロシアである。ドイツ・フランス・イタリア・イギリスなどがアフリカのどの地域を占領したか把握しておく。

問28 35 正解④

重要度 ★★

キーワード ドイツ統一の過程

ポイント ドイツの統一はプロイセンのビスマルクの「鉄血政策」により、オーストリアとフランスとの戦争のはてに達成された。

問29 36 正解①

重要度 ★★★

キーワード 第一次世界大戦前後の出来事

ポイント サライェヴォ事件によって始まり、戦争中にロシア革命が起き、終戦直前にドイツ革命が起こった。その後、1921 年にワシントン会議が開かれた。

問30 37 正解③

重要度 ★★★

キーワード ヤルタ会談

ポイント ヤルタ会談ではドイツの分割占領と日本へのソ連の参戦が決められた。

問31 38 正解②

重要度 ★★

キーワード 日米修好通商条約の不平等さ

ポイント 日米修好通商条約では治外法権が認められ、関税自主権がなかったことから不平等条約であった。

第８回 正解

問	解答番号	正解	重要度
問1	1	④	★
	2	②	★
	3	①	★★
	4	②	★★
問2	5	①	★★★
	6	②	★★
	7	③	★★★
	8	②	★★
問3	9	②	★★
	10	②	★★
問4	11	②	★★★
問5	12	①	★★★
問6	13	④	★★
問7	14	①	★
問8	15	③	★★★
問9	16	①	★
問10	17	①	★★★
問11	18	①	★
問12	19	④	★★

問	解答番号	正解	重要度
問13	20	②	★★
問14	21	③	★★★
問15	22	②	★★
問16	23	②	★★
問17	24	④	★★★
問18	25	③	★★
問19	26	③	★
問20	27	①	★★★
問21	28	④	★★★
問22	29	②	★
問23	30	③	★★
問24	31	④	★★
問25	32	③	★★
問26	33	①	★★★
問27	34	②	★★★
問28	35	①	★★★
問29	36	①	★★
問30	37	③	★
問31	38	③	★★

第8回 解説

問1 (1) 1 正解 ④

重要度 ★
キーワード ブエノスアイレスの位置
ポイント アルゼンチンの位置を把握しておく。

問1 (2) 2 正解 ②

重要度 ★
キーワード NAFTAと再交渉
ポイント NAFTAは再交渉が行われたがその理由として、トランプ大統領が「アメリカファースト」を掲げ、アメリカへ投資し、産業施設を移す方針をとったからである。

問1 (3) 3 正解 ①

重要度 ★★
キーワード 保護貿易
ポイント 非関税障壁を撤廃することは自由貿易に該当する。非関税障壁の意味をおさえておく。

問1 (4) 4 正解 ②

重要度 ★★
キーワード アメリカの貿易
ポイント アメリカは貿易赤字国であり、特に中国や日本などに多大な赤字を記録している。その中でも中国との貿易赤字が最も大きい。

問2 (1) 5 正解 ①

重要度 ★★★
キーワード マネタリストの経済学者
ポイント 政府の財政政策に反対し、経済的自由を保障する考えを唱えたのはミルトン・フリードマンである。アダム・スミス、ケインズ、クズネッツなども知っておく。

問2 (2) 6 正解 ②

重要度 ★★
キーワード スウェーデンの政治制度
ポイント スウェーデンの政治制度を知るよりも、基本的に民主主義を採用している国の特徴を選択する問題である。

問2 (3) 7 正解 ③

重要度 ★★★
キーワード ノーベル平和賞
ポイント パグウォッシュ会議、ネルソン・マンデラ、ゴルバチョフについて知っていれば消去でとける。

問2 (4) 8 正解 ④

重要度 ★★
キーワード ノルウェーの位置
ポイント スウェーデンの隣国であり、スカンジナビア半島の国はノルウェー。

問3 (1) 9 正解 ②

重要度 ★★
キーワード 1990年代後半の日本
ポイント 1990年代は不良債権問題からデフレスパイラルに陥った。一部の金融機関に公的資金が注入された。

問3 (2) 10 正解 ②

重要度 ★★
キーワード 貸し渋りの影響
ポイント 銀行による貸し渋りが発生すると、資金が必要な企業などは資金調達が厳しくなり、その結果、設備投資が縮小する。

問4 11 正解②

重要度 ★★★

キーワード 国民負担率

ポイント 社会保障負担率や租税負担率が高い国はヨーロッパ諸国である。日本とアメリカは低い方だが、アメリカが日本よりさらに低い。

問5 12 正解①

重要度 ★★★

キーワード 日本の歳出の内訳の変化

ポイント 日本の歳出は過去と比較して少子高齢化や不況などにより、社会保障や国債費が明らかに増加している。

問6 13 正解④

重要度 ★★

キーワード 需要・供給の弾力性

ポイント 生活必需品は価格が変化しても需要に影響があまりないため、非弾力的である。また所得にくらべて価値が低いものも価格の変化に敏感ではないので非弾力的である。

問7 14 正解①

重要度 ★

キーワード 完全競争市場

ポイント 完全競争市場とは生産者と消費者が多数存在し、同質の商品が取り引きされ、情報の差がない市場をいう。

問8 15 正解③

重要度 ★★★

キーワード 公開市場操作

ポイント 公開市場操作は中央銀行が行い、不景気には買いオペレーションで有価証券を買い入れる。

問9 16 正解①

重要度 ★

キーワード 高度成長期の雇用

ポイント 日本の高度成長期を支えた雇用方式は「年功序列」と「終身雇用制」であった。

問10 17 正解①

重要度 ★★★

キーワード 金本位制とブレトンウッズ体制

ポイント 金本位制では中央銀行は兌換紙幣を発行する。また、ブレトンウッズ体制のもとでは1オンス35ドルであり、1ドルは360円であった。従って、1オンスは12600円になる。

問11 18 正解①

重要度 ★

キーワード インターネット利用者数

ポイント 日本とイギリスは90%以上であり、その中で利用者数が1億以上のAが日本。

問12 19 正解④

重要度 ★★

キーワード 日本の火山

ポイント 日本の火山は九州地方に多く、四国地方には存在しない。阿蘇山にはカルデラが存在する。

問13 20 正解②

重要度 ★★

キーワード 海外における日本人数

ポイント 日本人が最も多く在留している国はアメリカである。その次が中国、続いてオーストラリアである。

問14 21 正解③

重要度 ★★★

キーワード 主要国の輸出品

ポイント インドネシアはパーム油と石炭の輸出が多い。

問15 22 正解②

重要度 ★★

キーワード 主な国の発電量

ポイント 水力の割合が多いBはカナダであり、総発電量の多いAは中国である。オーストラリアも火力の依存度が高い。

問16 23 正解②

重要度 ★★

キーワード 距離計算

ポイント AとBの距離は2万×20/360であり、CとDの距離は4万×80/360である。

問17 24 正解④

重要度 ★★★

キーワード 時差の理解

ポイント 東京とシドニーの時差は1時間であるが、シドニーが夏時間を採用しているため、時差は2時間になる。シドニーが2時間進んでいる。

問18 25 正解③

重要度 ★★

キーワード 食料自給率の推移

ポイント 米と野菜は自給率が高い方で、小麦は自給率が低い。肉類は輸入開放から自給率が減少した。

問19 26 正解③

重要度 ★

キーワード 四大公害病

ポイント 日本の四大公害病は高度経済成長期に現れ、その影響で制定されたのが公害対策基本法である。

問20 27 正解①

重要度 ★★★

キーワード 新しい人権の例

ポイント 憲法には明記されていないが、現代社会について重要な人権として認められているものを「新しい人権」という。その例として①環境権があげられる。

問21 28 正解④

重要度 ★★★

キーワード 不戦条約の意義

ポイント 不戦条約は、戦争放棄に関する条約で、国際紛争を解決する手段としての武力使用禁止を取り決めた。

問22 29 正解②

重要度 ★

キーワード 人間の安全保障

ポイント 冷戦が終結し、戦争に対する恐怖は減ったものの、貧困・感染症・環境破壊などの問題に人類はさらされており、そこに焦点を当てるべきだという考え方を「人間の安全保障」という。

問23 30 正解③

重要度 ★★

キーワード 日本の政府開発援助

ポイント 日本のODAはアジアに対して多く、ほとんどが借款である。

問24 **31** 正解 ④

重要度 ★★

キーワード 55 年体制

ポイント 自民党と社会党の両党体制であり、1993 年まで自民党が与党としてあり続けた（単独ではない）。

問25 **32** 正解 ③

重要度 ★★

キーワード 平和維持活動（PKO）の理解

ポイント 平和維持活動は主に治安維持を目的とする活動である。日本では 1992 年 PKO 法の成立によってカンボジアに自衛隊を派遣した。

問26 **33** 正解 ①

重要度 ★★★

キーワード 帝国主義下の植民地支配

ポイント イギリスはカイロからケープタウンを結ぶ縦断政策をとり、フランスはアルジェリアからマダガスカルまでの横断政策をとった。

問27 **34** 正解 ②

重要度 ★★★

キーワード ソ連解体

ポイント ソ連が解体し核兵器が廃棄されたわけではない。ソ連の系譜をロシアがつぎ、核兵器も委譲された。

問28 **35** 正解 ①

重要度 ★★★

キーワード 第二次世界大戦後の出来事

ポイント 第四次中東戦争は 1973 年であり、OPEC は 1960 年に設立された。サッチャー政権の登場は 1979 年であり、オスロ合意は 1993 年である。

問29 **36** 正解 ①

重要度 ★★

キーワード ワグナー法の成立

ポイント 労働者の団結権や団体交渉権が保障されたのは、1935 年に行われたニューディル政策の成果のひとつである。

問30 **37** 正解 ③

重要度 ★

キーワード 日本の産業革命

ポイント 19 世紀後半から 20 世紀前半まで、重工業を中心に製鉄や海運業などが発達した。傾斜生産方式は戦後に行われた政策である。

問31 **38** 正解 ③

重要度 ★★

キーワード アジアの民族自決

ポイント ベトナムでは日本が撤退し、民族国家が樹立された。タイはもともと独立国であり、インドネシアはオランダの植民地であった。

第 9 回 正解

問	解答番号	正解	重要度
問 1	**1**	④	★★
	2	①	★★
	3	①	★★
	4	②	★★★
問 2	**5**	③	★★
	6	②	★★★
	7	②	★★
	8	②	★★★
問 3	**9**	④	★
問 4	**10**	②	★★★
問 5	**11**	③	★★
問 6	**12**	②	★★★
問 7	**13**	②	★★★
問 8	**14**	②	★★
問 9	**15**	④	★★★
問 10	**16**	②	★★
問 11	**17**	①	★★★
問 12	**18**	④	★★
問 13	**19**	④	★

問	解答番号	正解	重要度
問 14	**20**	①	★
問 15	**21**	③	★★
問 16	**22**	②	★★
問 17	**23**	④	★
問 18	**24**	①	★
問 19	**25**	③	★★
問 20	**26**	②	★★★
問 21	**27**	④	★★★
問 22	**28**	④	★
問 23	**29**	②	★★★
問 24	**30**	②	★
問 25	**31**	②	★
問 26	**32**	④	★★
問 27	**33**	①	★
問 28	**34**	③	★★★
問 29	**35**	③	★★
問 30	**36**	③	★★★
問 31	**37**	④	★
問 32	**38**	③	★★★

第9回 解説

問1 (1) 1 正解 ④

重要度 ★★

キーワード G20構成国

ポイント G20は先進国や新興市場国など20か国で構成されている。

問1 (2) 2 正解 ①

重要度 ★★

キーワード 日本とアメリカの貿易

ポイント 日本は2011年から2015年まで貿易収支が赤字であった。クリントン政権ではアメリカの貿易赤字が拡大した。

問1 (3) 3 正解 ①

重要度 ★★

キーワード 第二次世界大戦後の出来事

ポイント 第二次世界大戦の終結は1945年。世界人権宣言は1948年。難民の地位に関する条約は1951年、国際人権規約は1966年である。

問1 (4) 4 正解 ②

重要度 ★★★

キーワード 近年の経済危機

ポイント 1997年はアジア通貨危機であり、2008年は世界金融危機である。それぞれ原因を把握しておく。

問2 (1) 5 正解 ③

重要度 ★★

キーワード ブラジルの政治制度

ポイント ブラジルは大統領が存在し、連邦制を採用している。

問2 (2) 6 正解 ②

重要度 ★★★

キーワード 南米大陸

ポイント 南米大陸における赤道の位置を把握しておく。

問2 (3) 7 正解 ②

重要度 ★★

キーワード ブラジルの人口と領土

ポイント ブラジルは領土と人口ともに世界で5位である。

問2 (4) 8 正解 ②

重要度 ★★★

キーワード 時差問題

ポイント リオデジャネイロは西経45度が標準時であるため、東京に比べて12時間遅れている。

問3 9 正解 ④

重要度 ★

キーワード 規模の利益

ポイント 「規模の利益」という意味を知っておくといいが、知らなくても流れを理解すればとける。

問4 10 正解 ②

重要度 ★★★

キーワード 大きな政府

ポイント 積極的に経済に介入を行う政府を積極国家といい、修正資本主義ともいう。また政府が介入することで有効需要も増える。

問5 **11** 正解 ③

重要度 ★★

キーワード 日本の「失われた 10 年」

ポイント 1990 年代、バブル崩壊後日本の経済は低迷が続く。この時期を「失われた 10 年」という。

問6 **12** 正解 ②

重要度 ★★★

キーワード 価格の自動調整機能

ポイント 価格の下落は、需要を引き上げて供給不足をもたらす。基本的な需要供給と価格の関係はしっかりおさえておく。

問7 **13** 正解 ②

重要度 ★★★

キーワード 円高と円安

ポイント 円高になると輸入価格が安くなる。円高になると日本から海外への直接投資が増加する。円安になると輸入価格が高くなるため、輸入は減る傾向がある。

問8 **14** 正解 ②

重要度 ★★

キーワード 需要曲線の傾き

ポイント 需要供給曲線の傾きは価格に対する弾力性を表す。

問9 **15** 正解 ④

重要度 ★★★

キーワード 株式の特徴

ポイント ①株は証券取引所以外でも取り引きが可能である。②社債は株と違うものである。③配当は必ずしも行われるものではない。

問10 **16** 正解 ②

重要度 ★★

キーワード 金融ビックバン

ポイント 金融ビックバンはもともとイギリスのサッチャー政権のもとで行われた規制緩和政策であり、日本では 1996 年の橋本龍太郎内閣から始まった。

問11 **17** 正解 ①

重要度 ★★★

キーワード 日本銀行の役割

ポイント 「政府の銀行」といわれるのは、国庫金を管理するからである。

問12 **18** 正解 ④

重要度 ★★

キーワード アメリカ地域の旧宗主国

ポイント キューバはスペインの植民地であり、後にアメリカの保護国となった。

問13 **19** 正解 ④

重要度 ★

キーワード ドラケンスバーグ山脈

ポイント ①はアトラス山脈、②はサハラ砂漠③はアフリカ大地溝帯である。

問14 **20** 正解 ①

重要度 ★

キーワード ヨーロッパの工業地帯

ポイント 青いバナナとはイギリスからイタリア北部までつながる商工業が発達した地域を指す。

問15 **21** 正解 ③

重要度 ★★

キーワード 天然ガスの輸出と輸入

ポイント 輸出が多い国はロシアとノルウェーであり、主な輸入国は日本とアメリカである。

問16 **22** 正解 ②

重要度 ★★

キーワード 東京の気候

ポイント Aはロンドン、Cはケープタウン、Dはモスクワである。

問17 **23** 正解 ④

重要度 ★

キーワード 日本のEPA締結国家

ポイント アメリカとのEPA（TPP12）はまだ発効していない。

問18 **24** 正解 ①

重要度 ★

キーワード 年較差の理解

ポイント 赤道は熱帯気候であるため、年較差が最も小さい。北緯60度と南緯60度では南半球の方が海が多いため、年較差が小さい。高緯度にいけばいくほど年較差は大きくなる。

問19 **25** 正解 ③

重要度 ★★

キーワード 各地域の人口

ポイント 出生率が最も高い地域は沖縄県である。

問20 **26** 正解 ②

重要度 ★★★

キーワード 各国の政治制度

ポイント 大統領と首相が併存する国はロシアである。フランスもこれに当てはまる。

問21 **27** 正解 ④

重要度 ★★★

キーワード 日本の議院内閣制

ポイント 日本の衆議院は首相によって解散できるため、任期満了より前に解散して総選挙が行われたケースが多い。

問22 **28** 正解 ④

重要度 ★

キーワード 労働三権

ポイント 労働三権は日本国憲法28条で保障されている。

問23 **29** 正解 ②

重要度 ★★★

キーワード 選挙制度と特徴

ポイント 小選挙区制は死票が多い制度であり、ゲリマンダーが起こりやすい制度である。

問24 **30** 正解 ②

重要度 ★

キーワード 主権概念に対する理解

ポイント J.ボダンは「主権とは国家の絶対的かつ恒久的権力である」と定義した。

問25 **31** 正解 ②

重要度 ★

キーワード NATOによる介入

ポイント 1992年から1995年まで続いたボスニア・ヘルツェゴヴィナ紛争では大量虐殺など「民族浄化」が行われた。

問26 **32** 正解 ④

重要度 ★★

キーワード 地球サミットの内容

ポイント 国連環境計画（UNEP）は国連人間環境会議（1972年）によって設立された。

問27 **33** 正解 ①

重要度 ★

キーワード 南洋諸島の地域

ポイント 第一次世界大戦後から太平洋戦争まで日本が支配していたミクロネシアの島々を南洋諸島という。その中でグアムはアメリカの領土であった。

問28 **34** 正解 ③

重要度 ★★★

キーワード ナポレオン時代

ポイント ナポレオン時代には国民主義とナショナリズムが発展し、ヨーロッパに波及した。

問29 **35** 正解 ③

重要度 ★★

キーワード 帝国主義の背景

ポイント 帝国主義は独占資本主義と関係がある。新しい投資先を確保するために、植民地競争が激しくなった。

問30 **36** 正解 ③

重要度 ★★★

キーワード 世界大恐慌と対策

ポイント フランス・イギリス・アメリカは「ブロック経済」によって恐慌を克服しようとした。1ドル＝360円はブレトンウッズ体制下の為替制度である。善隣外交はアメリカが行ったものである。

問31 **37** 正解 ④

重要度 ★

キーワード 日本の基本法の制定

ポイント 教育基本法はGHQの下で制定された。農業基本法・公害対策基本法・消費者保護基本法は高度成長期の日本社会を考えると関連がある。

問32 **38** 正解 ③

重要度 ★★★

キーワード 冷戦時代

ポイント 冷戦が始まった時期、アメリカはソ連に対して封じ込め政策を行い、共産主義の影響力拡大を阻止しようとした。

第 10 回 正解

問	解答番号	正解	重要度
問 1	**1**	①	★
	2	②	★★
	3	②	★★
	4	②	★
問 2	**5**	④	★★★
	6	①	★
	7	④	★★★
	8	④	★★★
問 3	**9**	③	★★
問 4	**10**	③	★★★
問 5	**11**	①	★★
問 6	**12**	④	★
問 7	**13**	②	★★★
問 8	**14**	①	★
問 9	**15**	②	★★★
問 10	**16**	③	★★★
問 11	**17**	①	★★
問 12	**18**	④	★★
問 13	**19**	②	★★

問	解答番号	正解	重要度
問 14	**20**	②	★★
問 15	**21**	③	★★
問 16	**22**	④	★★
問 17	**23**	②	★
問 18	**24**	③	★★
問 19	**25**	③	★★★
問 20	**26**	①	★★
問 21	**27**	②	★★★
問 22	**28**	④	★★★
問 23	**29**	②	★★
問 24	**30**	③	★
問 25	**31**	④	★★
問 26	**32**	②	★★
問 27	**33**	④	★★
問 28	**34**	④	★★
問 29	**35**	②	★★★
問 30	**36**	③	★★★
問 31	**37**	③	★★★
問 32	**38**	①	★★

第 10 回 解説

問1 (1) 1 正解 ①

重要度 ★

キーワード 日本の火山分布

ポイント 日本の火山は九州と東北地方に多く、北海道にも存在する。四国には存在しない。

問1 (2) 2 正解 ②

重要度 ★★

キーワード 高潮の意味

ポイント 台風などによって海面が上昇する現象を高潮という。津波とは区別しておく。

問1 (3) 3 正解 ②

重要度 ★★

キーワード 1990 年代の日本経済

ポイント 1990 年代は「失われた 10 年」といわれ、多くの企業が「リストラ」と呼ばれる、減員を行ったりした。

問1 (4) 4 正解 ②

重要度 ★

キーワード 脱原発

ポイント ドイツは福島発電所事故によって脱原発を推進した。イタリアには原発が存在しない。

問2 (1) 5 正解 ④

重要度 ★★★

キーワード イギリスの政治制度

ポイント イギリスの上院議員はほとんど権限がない名誉職であり、下院は完全小選挙区制で選出される。

問2 (2) 6 正解 ①

重要度 ★

キーワード モスクワの位置

ポイント モスクワはロシアの西側に位置している。

問2 (3) 7 正解 ④

重要度 ★★★

キーワード 地中海性気候の分布

ポイント パリはロンドンと同様、西岸海洋性気候である。

問2 (4) 8 正解 ④

重要度 ★★★

キーワード 国際連合の主要機関と専門機関

ポイント 国連の主要機関と専門機関はしっかり覚えておく。主要機関は安保理・総会・経済社会理事会・国際司法裁判所・信託統治理事会・事務局である。

問3 9 正解 ③

重要度 ★★

キーワード 日本の歳出・税収の推移

ポイント A 時期が税収は減る一方、歳出は増えている。日本は不況の影響で税収は減るが、少子高齢化や不況の対策などで歳出は増加し、1990 年代からその傾向が著しくなる。

問4 10 正解 ③

重要度 ★★★

キーワード 資本主義経済

ポイント 自由競争が保障されると資源が最適配分されるが、有効需要を増やすわけではない。

問5 11 正解①

重要度 ★★

キーワード 直接金融

ポイント 金融会社が介入せず、社債や株式を利用して資金を調達する方法を直接金融という。

問6 12 正解④

重要度 ★

キーワード 産業の分類

ポイント ①水産業は第一次産業 ②運輸業③情報通信業は第三次産業である。

問7 13 正解②

重要度 ★★★

キーワード 国債発行と金利の動き

ポイント 国債発行が増えると市中の金利は上昇する（クラウディング・アウト）。金利の上昇は投資が減ってしまう。

問8 14 正解①

重要度 ★

キーワード 先行指標の例

ポイント 景気の動向より先行して変動する代表的なものは株価指数。株価指数は投資者の心理によって先行して変動する。

問9 15 正解②

重要度 ★★★

キーワード GHQの改革

ポイント GHQによる改革には、財閥の解体や独占禁止法の制定、農地改革などがある。農地改革は小作農を自作農にすることであるが、小作農を禁止したわけではない。

問10 16 正解③

重要度 ★★★

キーワード 日本の民営化

ポイント 1980年代の中曾根康弘内閣において鉄道・通信・たばこ企業が民営化された。

問11 17 正解①

重要度 ★★

キーワード 労働組合の理解

ポイント 労働組合は使用者の同意なしに結成できる。それを団結権という。労働委員会は労働関係の公正な調整を図ることを目的に設置された機関である。

問12 18 正解④

重要度 ★★

キーワード 日本の農業の特徴

ポイント 日本で米はすでに輸入されている。日本の自給率はアメリカやフランスにくらべてはるかに低い。

問13 19 正解②

重要度 ★★

キーワード シベリア気団の特徴

ポイント シベリア気団は寒冷乾燥な性格である。冬になると日本に影響を与え、雪などを降らせる。

問14 20 正解②

重要度 ★★

キーワード 南米大陸の気候分布

ポイント Aは赤道に近いアマゾン川の流域であるため、熱帯雨林気候である。Bは寒流の影響で砂漠が広がる。Cは地中海性気候がみられる。

問15 **21** 正解③

重要度 ★★

キーワード 世界の貿易

ポイント A は輸入の割合が多いのでアメリカ、B は輸出の割合が多いので中国である。

問16 **22** 正解④

重要度 ★★

キーワード 大豆の生産

ポイント 大豆はアメリカ、ブラジル、アルゼンチンなど北アメリカと南アメリカでの生産が多い。

問17 **23** 正解②

重要度 ★

キーワード 気候因子の例

ポイント 降水量は気候の要素であり、気候因子の例ではない。気候因子が降水量に影響を与えるのである。

問18 **24** 正解③

重要度 ★★

キーワード 海岸地形

ポイント カルストは石炭岩地帯をいい、海岸地形ではない。エスチュアリは三角江ともいう。

問19 **25** 正解③

重要度 ★★★

キーワード 時差問題

ポイント ハワイは西経 150 度を標準時としているため、東京とは 19 時間の時差がある。フィジーは東京より 3 時間進んでいるのでハワイからは 22 時間の時差がある。

問20 **26** 正解①

重要度 ★★

キーワード 55 年体制の終焉

ポイント 55 年体制は 1993 年、細川護煕内閣の成立によって崩壊した。

問21 **27** 正解②

重要度 ★★★

キーワード 日本の国会の権限

ポイント 条約の承認は国会の権限である。①, ③, ④は内閣の仕事である。

問22 **28** 正解④

重要度 ★★★

キーワード 各国の政治制度

ポイント アメリカでは大統領に拒否された法律案は議員 2/3 以上を通過すると成立する。イギリスの内閣は下院が不信任した場合に辞職が求められる。フランスの大統領は国民による直接選出である。

問23 **29** 正解②

重要度 ★★

キーワード 行政の民主化

ポイント 官僚が許認可や行政指導のルールを定めることは行政を民主的にコントロールするものではない。

問24 **30** 正解③

重要度 ★

キーワード 日本の裁判

ポイント 無罪の確定判決を有罪に変更することは認められておらず、一事不再理の原則という。罪刑法定主義・ミランダ原則・無罪推定の原則などの概念は重要なのでしっかりおさえておく。

問25 **31** 正解 ④

重要度 ★★

キーワード 権力分立

ポイント 三権分立はモンテスキューの理論である。エドワード・コーク、ミル、ルソーなどもおさえておく。

問26 **32** 正解 ②

重要度 ★★

キーワード 国際司法裁判所の特徴

ポイント 国際司法裁判所はオランダのハーグに置かれ、15 人の裁判官による一審制を採用している。

問27 **33** 正解 ④

重要度 ★★

キーワード ウィーン会議

ポイント スイスやオランダが独立国となり、主権国家体制が確立したのはウェストファリア条約である。

問28 **34** 正解 ④

重要度 ★★

キーワード 第一次世界大戦

ポイント 第一次世界大戦は「総力戦」といわれ、経済・技術・政治・思想などすべての面で戦時の体制が整えられた。

問29 **35** 正解 ②

重要度 ★★★

キーワード 国際連盟の特徴

ポイント 第一次世界大戦の戦勝国が常任理事国となり、全会一致の議決方式を採用していた。ドイツはロカルノ条約により加盟した。

問30 **36** 正解 ③

重要度 ★★★

キーワード 第二次世界大戦

ポイント 第二次世界大戦はドイツのポーランド侵攻から始まるが、その前に独ソ不可侵条約が結ばれた。

問31 **37** 正解 ③

重要度 ★★★

キーワード 冷戦下での民主化運動

ポイント 1956 年のハンガリーでは反政府・反ソ連の運動がおきた。また 1968 年にはチェコスロヴァキアで「プラハの春」という民主化運動が起きた。

問32 **38** 正解 ①

重要度 ★★

キーワード ゴルバチョフの政策

ポイント ゴルバチョフはアメリカを含む自由主義国家に接近する外交を掲げた。それを「新思考外交」という。

memo

付録

01 世界地図の活用法

02 日本地図の活用法

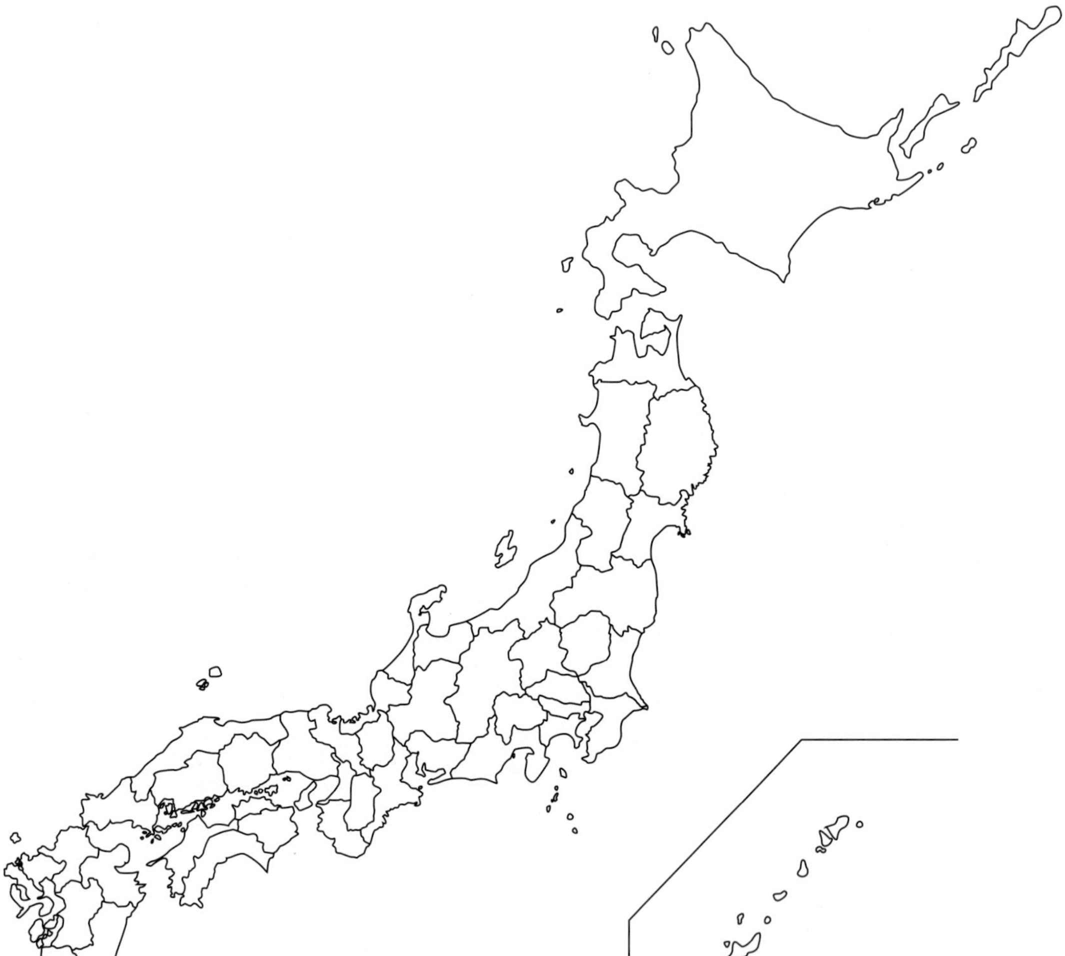

総合科目 JAPAN & THE WORLD

第１回模擬テスト

総 合 科 目 解 答 用 紙

JAPAN & THE WORLD ANSWER SHEET

受験番号 Emaminee Registration Number		名　前 Name	

⬆ あなたの受験票と同じかどうか確かめてください。Check that these are the same as your Examination Voucher. ⬆

注意事項 Note

1．必ず鉛筆（HB）で記入してください。
Use a medium soft (HB or No.2) pencil.

2．この解答用紙を汚したり折ったりしてはいけません。
Do not soil or bend this sheet.

3．マークは下のよい例のように、○わく内を完全にぬりつぶしてください。

Marking Examples.

よい例 Correct	悪い例 Incorrect
●	⊗ ⊘ ◎ ◐ ●

4．訂正する場合はプラスチック消しゴムで完全に消し、消しくずを残してはいけません。
Erase any unintended marks completely and leave no rubber marks.

5．解答番号は１から60までありますが、問題のあるところまで答えて、あとはマークしないでください。
Use only necessary rows and leave remaining rows blank.

6．所定の欄以外には何も書いてはいけません。
Do not write anything in the margins.

7．この解答用紙はすべて機械で処理しますので、以上の１から６までが守られていないと採点されません。
The answer sheet will be processed mechanically.
Failure to observe instructions above may result in rejection from evaluation.

解答番号	解答欄 Answer 1	2	3	4
1	①	②	③	④
2	①	②	③	④
3	①	②	③	④
4	①	②	③	④
5	①	②	③	④
6	①	②	③	④
7	①	②	③	④
8	①	②	③	④
9	①	②	③	④
10	①	②	③	④
11	①	②	③	④
12	①	②	③	④
13	①	②	③	④
14	①	②	③	④
15	①	②	③	④
16	①	②	③	④
17	①	②	③	④
18	①	②	③	④
19	①	②	③	④
20	①	②	③	④

解答番号	解答欄 Answer 1	2	3	4
21	①	②	③	④
22	①	②	③	④
23	①	②	③	④
24	①	②	③	④
25	①	②	③	④
26	①	②	③	④
27	①	②	③	④
28	①	②	③	④
29	①	②	③	④
30	①	②	③	④
31	①	②	③	④
32	①	②	③	④
33	①	②	③	④
34	①	②	③	④
35	①	②	③	④
36	①	②	③	④
37	①	②	③	④
38	①	②	③	④
39	①	②	③	④
40	①	②	③	④

解答番号	解答欄 Answer 1	2	3	4
41	①	②	③	④
42	①	②	③	④
43	①	②	③	④
44	①	②	③	④
45	①	②	③	④
46	①	②	③	④
47	①	②	③	④
48	①	②	③	④
49	①	②	③	④
50	①	②	③	④
51	①	②	③	④
52	①	②	③	④
53	①	②	③	④
54	①	②	③	④
55	①	②	③	④
56	①	②	③	④
57	①	②	③	④
58	①	②	③	④
59	①	②	③	④
60	①	②	③	④

第２回模擬テスト

総 合 科 目 解 答 用 紙

JAPAN & THE WORLD ANSWER SHEET

受験番号 Emaminee Registration Number		名 前 Name	

⬆ あなたの受験票と同じかどうか確かめてください。Check that these are the same as your Examination Voucher. ⬆

注意事項 Note

1．必ず鉛筆（HB）で記入してください。
Use a medium soft (HB or No.2) pencil.

2．この解答用紙を汚したり折ったりしてはいけません。
Do not soil or bend this sheet.

3．マークは下のよい例のように、〇わく内を完全にぬりつぶしてください。
Marking Examples.

よい例 Correct	悪い例 Incorrect
●	⊗ ⊘ ○ ◉ ●

4．訂正する場合はプラスチック消しゴムで完全に消し、消しくずを残してはいけません。
Erase any unintended marks completely and leave no rubber marks.

5．解答番号は１から60までありますが、問題のあるところまで答えて、あとはマークしないでください。
Use only necessary rows and leave remaining rows blank.

6．所定の欄以外には何も書いてはいけません。
Do not write anything in the margins.

7．この解答用紙はすべて機械で処理しますので、以上の１から６までが守られていないと採点されません。
The answer sheet will be processed mechanically.
Failure to observe instructions above may result in rejection from evaluation.

解答番号	解答欄 Answer			
	1	2	3	4
1	①	②	③	④
2	①	②	③	④
3	①	②	③	④
4	①	②	③	④
5	①	②	③	④
6	①	②	③	④
7	①	②	③	④
8	①	②	③	④
9	①	②	③	④
10	①	②	③	④
11	①	②	③	④
12	①	②	③	④
13	①	②	③	④
14	①	②	③	④
15	①	②	③	④
16	①	②	③	④
17	①	②	③	④
18	①	②	③	④
19	①	②	③	④
20	①	②	③	④

解答番号	解答欄 Answer			
	1	2	3	4
21	①	②	③	④
22	①	②	③	④
23	①	②	③	④
24	①	②	③	④
25	①	②	③	④
26	①	②	③	④
27	①	②	③	④
28	①	②	③	④
29	①	②	③	④
30	①	②	③	④
31	①	②	③	④
32	①	②	③	④
33	①	②	③	④
34	①	②	③	④
35	①	②	③	④
36	①	②	③	④
37	①	②	③	④
38	①	②	③	④
39	①	②	③	④
40	①	②	③	④

解答番号	解答欄 Answer			
	1	2	3	4
41	①	②	③	④
42	①	②	③	④
43	①	②	③	④
44	①	②	③	④
45	①	②	③	④
46	①	②	③	④
47	①	②	③	④
48	①	②	③	④
49	①	②	③	④
50	①	②	③	④
51	①	②	③	④
52	①	②	③	④
53	①	②	③	④
54	①	②	③	④
55	①	②	③	④
56	①	②	③	④
57	①	②	③	④
58	①	②	③	④
59	①	②	③	④
60	①	②	③	④

総合科目 JAPAN & THE WORLD

第３回模擬テスト

総 合 科 目 解 答 用 紙

JAPAN & THE WORLD ANSWER SHEET

受験番号 Emaminee Registration Number		名　前 Name	

⬆ あなたの受験票と同じかどうか確かめてください。Check that these are the same as your Examination Voucher. ⬆

注意事項 Note

1．必ず鉛筆（HB）で記入してください。
Use a medium soft (HB or No.2) pencil.

2．この解答用紙を汚したり折ったりしてはいけません。
Do not soil or bend this sheet.

3．マークは下のよい例のように、○わく内を完全にぬりつぶしてください。

Marking Examples.

よい例 Correct	悪い例 Incorrect
●	⊗ ✓ ○ ◐ ●

4．訂正する場合はプラスチック消しゴムで完全に消し、消しくずを残してはいけません。
Erase any unintended marks completely and leave no rubber marks.

5．解答番号は１から60までありますが、問題のあるところまで答えて、あとはマークしないでください。
Use only necessary rows and leave remaining rows blank.

6．所定の欄以外には何も書いてはいけません。
Do not write anything in the margins.

7．この解答用紙はすべて機械で処理しますので、以上の１から６までが守られていないと採点されません。
The answer sheet will be processed mechanically.
Failure to observe instructions above may result in rejection from evaluation.

解答番号	解答欄 Answer 1	2	3	4
1	①	②	③	④
2	①	②	③	④
3	①	②	③	④
4	①	②	③	④
5	①	②	③	④
6	①	②	③	④
7	①	②	③	④
8	①	②	③	④
9	①	②	③	④
10	①	②	③	④
11	①	②	③	④
12	①	②	③	④
13	①	②	③	④
14	①	②	③	④
15	①	②	③	④
16	①	②	③	④
17	①	②	③	④
18	①	②	③	④
19	①	②	③	④
20	①	②	③	④

解答番号	解答欄 Answer 1	2	3	4
21	①	②	③	④
22	①	②	③	④
23	①	②	③	④
24	①	②	③	④
25	①	②	③	④
26	①	②	③	④
27	①	②	③	④
28	①	②	③	④
29	①	②	③	④
30	①	②	③	④
31	①	②	③	④
32	①	②	③	④
33	①	②	③	④
34	①	②	③	④
35	①	②	③	④
36	①	②	③	④
37	①	②	③	④
38	①	②	③	④
39	①	②	③	④
40	①	②	③	④

解答番号	解答欄 Answer 1	2	3	4
41	①	②	③	④
42	①	②	③	④
43	①	②	③	④
44	①	②	③	④
45	①	②	③	④
46	①	②	③	④
47	①	②	③	④
48	①	②	③	④
49	①	②	③	④
50	①	②	③	④
51	①	②	③	④
52	①	②	③	④
53	①	②	③	④
54	①	②	③	④
55	①	②	③	④
56	①	②	③	④
57	①	②	③	④
58	①	②	③	④
59	①	②	③	④
60	①	②	③	④

第４回模擬テスト

総　合　科　目　解　答　用　紙

JAPAN & THE WORLD ANSWER SHEET

受験番号 Emaminee Registration Number		名　前 Name	

⬆ あなたの受験票と同じかどうか確かめてください。Check that these are the same as your Examination Voucher. ⬆

注意事項 Note

1. 必ず鉛筆（HB）で記入してください。
Use a medium soft (HB or No.2) pencil.

2. この解答用紙を汚したり折ったりしてはいけません。
Do not soil or bend this sheet.

3. マークは下のよい例のように、◯わく内を完全にぬりつぶしてください。

Marking Examples.

よい例 Correct	悪い例 Incorrect
●	⊗ ⊘ ◯ ◐ ●

4. 訂正する場合はプラスチック消しゴムで完全に消し、消しくずを残してはいけません。
Erase any unintended marks completely and leave no rubber marks.

5. 解答番号は１から60までありますが、問題のあるところまで答えて、あとはマークしないでください。
Use only necessary rows and leave remaining rows blank.

6. 所定の欄以外には何も書いてはいけません。
Do not write anything in the margins.

7. この解答用紙はすべて機械で処理しますので、以上の１から６までが守られていないと採点されません。
The answer sheet will be processed mechanically.
Failure to observe instructions above may result in rejection from evaluation.

解答番号	解答欄 Answer			
	1	2	3	4
1	①	②	③	④
2	①	②	③	④
3	①	②	③	④
4	①	②	③	④
5	①	②	③	④
6	①	②	③	④
7	①	②	③	④
8	①	②	③	④
9	①	②	③	④
10	①	②	③	④
11	①	②	③	④
12	①	②	③	④
13	①	②	③	④
14	①	②	③	④
15	①	②	③	④
16	①	②	③	④
17	①	②	③	④
18	①	②	③	④
19	①	②	③	④
20	①	②	③	④

解答番号	解答欄 Answer			
	1	2	3	4
21	①	②	③	④
22	①	②	③	④
23	①	②	③	④
24	①	②	③	④
25	①	②	③	④
26	①	②	③	④
27	①	②	③	④
28	①	②	③	④
29	①	②	③	④
30	①	②	③	④
31	①	②	③	④
32	①	②	③	④
33	①	②	③	④
34	①	②	③	④
35	①	②	③	④
36	①	②	③	④
37	①	②	③	④
38	①	②	③	④
39	①	②	③	④
40	①	②	③	④

解答番号	解答欄 Answer			
	1	2	3	4
41	①	②	③	④
42	①	②	③	④
43	①	②	③	④
44	①	②	③	④
45	①	②	③	④
46	①	②	③	④
47	①	②	③	④
48	①	②	③	④
49	①	②	③	④
50	①	②	③	④
51	①	②	③	④
52	①	②	③	④
53	①	②	③	④
54	①	②	③	④
55	①	②	③	④
56	①	②	③	④
57	①	②	③	④
58	①	②	③	④
59	①	②	③	④
60	①	②	③	④

第５回模擬テスト

総　合　科　目　解　答　用　紙

JAPAN & THE WORLD ANSWER SHEET

受験番号 Emaminee Registration Number		名　前 Name	

⬆ あなたの受験票と同じかどうか確かめてください。Check that these are the same as your Examination Voucher. ⬆

注意事項 Note

1. 必ず鉛筆（HB）で記入してください。
   Use a medium soft (HB or No.2) pencil.
2. この解答用紙を汚したり折ったりしてはいけません。
   Do not soil or bend this sheet.
3. マークは下のよい例のように、○わく内を完全にぬりつぶしてください。
   Marking Examples.

よい例 Correct	悪い例 Incorrect
●	⊗ ✓ ◎ ◐ ●

4. 訂正する場合はプラスチック消しゴムで完全に消し、消しくずを残してはいけません。
   Erase any unintended marks completely and leave no rubber marks.
5. 解答番号は１から60までありますが、問題のあるところまで答えて、あとはマークしないでください。
   Use only necessary rows and leave remaining rows blank.
6. 所定の欄以外には何も書いてはいけません。
   Do not write anything in the margins.
7. この解答用紙はすべて機械で処理しますので、以上の１から６までが守られていないと採点されません。
   The answer sheet will be processed mechanically.
   Failure to observe instructions above may result in rejection from evaluation.

解答番号	解答欄 Answer 1	2	3	4
1	①	②	③	④
2	①	②	③	④
3	①	②	③	④
4	①	②	③	④
5	①	②	③	④
6	①	②	③	④
7	①	②	③	④
8	①	②	③	④
9	①	②	③	④
10	①	②	③	④
11	①	②	③	④
12	①	②	③	④
13	①	②	③	④
14	①	②	③	④
15	①	②	③	④
16	①	②	③	④
17	①	②	③	④
18	①	②	③	④
19	①	②	③	④
20	①	②	③	④

解答番号	解答欄 Answer 1	2	3	4
21	①	②	③	④
22	①	②	③	④
23	①	②	③	④
24	①	②	③	④
25	①	②	③	④
26	①	②	③	④
27	①	②	③	④
28	①	②	③	④
29	①	②	③	④
30	①	②	③	④
31	①	②	③	④
32	①	②	③	④
33	①	②	③	④
34	①	②	③	④
35	①	②	③	④
36	①	②	③	④
37	①	②	③	④
38	①	②	③	④
39	①	②	③	④
40	①	②	③	④

解答番号	解答欄 Answer 1	2	3	4
41	①	②	③	④
42	①	②	③	④
43	①	②	③	④
44	①	②	③	④
45	①	②	③	④
46	①	②	③	④
47	①	②	③	④
48	①	②	③	④
49	①	②	③	④
50	①	②	③	④
51	①	②	③	④
52	①	②	③	④
53	①	②	③	④
54	①	②	③	④
55	①	②	③	④
56	①	②	③	④
57	①	②	③	④
58	①	②	③	④
59	①	②	③	④
60	①	②	③	④

第６回模擬テスト

総　合　科　目　解　答　用　紙

JAPAN & THE WORLD ANSWER SHEET

受験番号 Emaminee Registration Number		名　前 Name	

⬆ あなたの受験票と同じかどうか確かめてください。Check that these are the same as your Examination Voucher. ⬆

注意事項 Note

1. 必ず鉛筆（HB）で記入してください。
   Use a medium soft (HB or No.2) pencil.
2. この解答用紙を汚したり折ったりしてはいけません。
   Do not soil or bend this sheet.
3. マークは下のよい例のように、○わく内を完全にぬりつぶしてください。
   Marking Examples.

よい例 Correct	悪い例 Incorrect
●	⊗ ✓ ○ ◐ ●

4. 訂正する場合はプラスチック消しゴムで完全に消し、消しくずを残してはいけません。
   Erase any unintended marks completely and leave no rubber marks.
5. 解答番号は１から60までありますが、問題のあるところまで答えて、あとはマークしないでください。
   Use only necessary rows and leave remaining rows blank.
6. 所定の欄以外には何も書いてはいけません。
   Do not write anything in the margins.
7. この解答用紙はすべて機械で処理しますので、以上の１から６までが守られていないと採点されません。
   The answer sheet will be processed mechanically.
   Failure to observe instructions above may result in rejection from evaluation.

解答番号	解答欄 Answer			
	1	2	3	4
1	①	②	③	④
2	①	②	③	④
3	①	②	③	④
4	①	②	③	④
5	①	②	③	④
6	①	②	③	④
7	①	②	③	④
8	①	②	③	④
9	①	②	③	④
10	①	②	③	④
11	①	②	③	④
12	①	②	③	④
13	①	②	③	④
14	①	②	③	④
15	①	②	③	④
16	①	②	③	④
17	①	②	③	④
18	①	②	③	④
19	①	②	③	④
20	①	②	③	④

解答番号	解答欄 Answer			
	1	2	3	4
21	①	②	③	④
22	①	②	③	④
23	①	②	③	④
24	①	②	③	④
25	①	②	③	④
26	①	②	③	④
27	①	②	③	④
28	①	②	③	④
29	①	②	③	④
30	①	②	③	④
31	①	②	③	④
32	①	②	③	④
33	①	②	③	④
34	①	②	③	④
35	①	②	③	④
36	①	②	③	④
37	①	②	③	④
38	①	②	③	④
39	①	②	③	④
40	①	②	③	④

解答番号	解答欄 Answer			
	1	2	3	4
41	①	②	③	④
42	①	②	③	④
43	①	②	③	④
44	①	②	③	④
45	①	②	③	④
46	①	②	③	④
47	①	②	③	④
48	①	②	③	④
49	①	②	③	④
50	①	②	③	④
51	①	②	③	④
52	①	②	③	④
53	①	②	③	④
54	①	②	③	④
55	①	②	③	④
56	①	②	③	④
57	①	②	③	④
58	①	②	③	④
59	①	②	③	④
60	①	②	③	④

総合科目 JAPAN & THE WORLD

第７回模擬テスト

総　合　科　目　解　答　用　紙

JAPAN & THE WORLD ANSWER SHEET

受験番号 Emaminee Registration Number		名　前 Name	

⬆ あなたの受験票と同じかどうか確かめてください。Check that these are the same as your Examination Voucher. ⬆

注意事項 Note

1. 必ず鉛筆（HB）で記入してください。
   Use a medium soft (HB or No.2) pencil.
2. この解答用紙を汚したり折ったりしてはいけません。
   Do not soil or bend this sheet.
3. マークは下のよい例のように、○わく内を完全にぬりつぶしてください。
   Marking Examples.

よい例 Correct	悪い例 Incorrect
●	⊗ ✓ ◎ ◑ ●

4. 訂正する場合はプラスチック消しゴムで完全に消し、消しくずを残してはいけません。
   Erase any unintended marks completely and leave no rubber marks.
5. 解答番号は１から60までありますが、問題のあるところまで答えて、あとはマークしないでください。
   Use only necessary rows and leave remaining rows blank.
6. 所定の欄以外には何も書いてはいけません。
   Do not write anything in the margins.
7. この解答用紙はすべて機械で処理しますので、以上の１から６までが守られていないと採点されません。
   The answer sheet will be processed mechanically.
   Failure to observe instructions above may result in rejection from evaluation.

解答番号	解答欄 Answer 1	2	3	4
1	①	②	③	④
2	①	②	③	④
3	①	②	③	④
4	①	②	③	④
5	①	②	③	④
6	①	②	③	④
7	①	②	③	④
8	①	②	③	④
9	①	②	③	④
10	①	②	③	④
11	①	②	③	④
12	①	②	③	④
13	①	②	③	④
14	①	②	③	④
15	①	②	③	④
16	①	②	③	④
17	①	②	③	④
18	①	②	③	④
19	①	②	③	④
20	①	②	③	④

解答番号	解答欄 Answer 1	2	3	4
21	①	②	③	④
22	①	②	③	④
23	①	②	③	④
24	①	②	③	④
25	①	②	③	④
26	①	②	③	④
27	①	②	③	④
28	①	②	③	④
29	①	②	③	④
30	①	②	③	④
31	①	②	③	④
32	①	②	③	④
33	①	②	③	④
34	①	②	③	④
35	①	②	③	④
36	①	②	③	④
37	①	②	③	④
38	①	②	③	④
39	①	②	③	④
40	①	②	③	④

解答番号	解答欄 Answer 1	2	3	4
41	①	②	③	④
42	①	②	③	④
43	①	②	③	④
44	①	②	③	④
45	①	②	③	④
46	①	②	③	④
47	①	②	③	④
48	①	②	③	④
49	①	②	③	④
50	①	②	③	④
51	①	②	③	④
52	①	②	③	④
53	①	②	③	④
54	①	②	③	④
55	①	②	③	④
56	①	②	③	④
57	①	②	③	④
58	①	②	③	④
59	①	②	③	④
60	①	②	③	④

総合科目 JAPAN & THE WORLD

第８回模擬テスト

総 合 科 目 解 答 用 紙

JAPAN & THE WORLD ANSWER SHEET

受験番号 Emaminee Registration Number		名 前 Name	

⬆ あなたの受験票と同じかどうか確かめてください。Check that these are the same as your Examination Voucher. ⬆

注意事項 Note

1．必ず鉛筆（HB）で記入してください。
Use a medium soft (HB or No.2) pencil.

2．この解答用紙を汚したり折ったりしてはいけません。
Do not soil or bend this sheet.

3．マークは下のよい例のように、○わく内を完全にぬりつぶしてください。

Marking Examples.

よい例 Correct	悪い例 Incorrect
●	⊗ ⊘ ○ ◐ ●

4．訂正する場合はプラスチック消しゴムで完全に消し、消しくずを残してはいけません。
Erase any unintended marks completely and leave no rubber marks.

5．解答番号は１から60までありますが、問題のあるところまで答えて、あとはマークしないでください。
Use only necessary rows and leave remaining rows blank.

6．所定の欄以外には何も書いてはいけません。
Do not write anything in the margins.

7．この解答用紙はすべて機械で処理しますので、以上の１から６までが守られていないと採点されません。
The answer sheet will be processed mechanically.
Failure to observe instructions above may result in rejection from evaluation.

解答番号	解答欄 Answer			
	1	2	3	4
1	①	②	③	④
2	①	②	③	④
3	①	②	③	④
4	①	②	③	④
5	①	②	③	④
6	①	②	③	④
7	①	②	③	④
8	①	②	③	④
9	①	②	③	④
10	①	②	③	④
11	①	②	③	④
12	①	②	③	④
13	①	②	③	④
14	①	②	③	④
15	①	②	③	④
16	①	②	③	④
17	①	②	③	④
18	①	②	③	④
19	①	②	③	④
20	①	②	③	④

解答番号	解答欄 Answer			
	1	2	3	4
21	①	②	③	④
22	①	②	③	④
23	①	②	③	④
24	①	②	③	④
25	①	②	③	④
26	①	②	③	④
27	①	②	③	④
28	①	②	③	④
29	①	②	③	④
30	①	②	③	④
31	①	②	③	④
32	①	②	③	④
33	①	②	③	④
34	①	②	③	④
35	①	②	③	④
36	①	②	③	④
37	①	②	③	④
38	①	②	③	④
39	①	②	③	④
40	①	②	③	④

解答番号	解答欄 Answer			
	1	2	3	4
41	①	②	③	④
42	①	②	③	④
43	①	②	③	④
44	①	②	③	④
45	①	②	③	④
46	①	②	③	④
47	①	②	③	④
48	①	②	③	④
49	①	②	③	④
50	①	②	③	④
51	①	②	③	④
52	①	②	③	④
53	①	②	③	④
54	①	②	③	④
55	①	②	③	④
56	①	②	③	④
57	①	②	③	④
58	①	②	③	④
59	①	②	③	④
60	①	②	③	④

総合科目 JAPAN & THE WORLD

第９回模擬テスト

総 合 科 目 解 答 用 紙

JAPAN & THE WORLD ANSWER SHEET

受験番号 Emaminee Registration Number		名　前 Name	

⬆ あなたの受験票と同じかどうか確かめてください。Check that these are the same as your Examination Voucher. ⬆

注意事項 Note

1．必ず鉛筆（HB）で記入してください。
Use a medium soft (HB or No.2) pencil.

2．この解答用紙を汚したり折ったりしてはいけません。
Do not soil or bend this sheet.

3．マークは下のよい例のように、○わく内を完全にぬりつぶしてください。

Marking Examples.

よい例 Correct	悪い例 Incorrect
●	⊗ ⊘ ◯ ◐ ●

4．訂正する場合はプラスチック消しゴムで完全に消し、消しくずを残してはいけません。
Erase any unintended marks completely and leave no rubber marks.

5．解答番号は１から60までありますが、問題のあるところまで答えて、あとはマークしないでください。
Use only necessary rows and leave remaining rows blank.

6．所定の欄以外には何も書いてはいけません。
Do not write anything in the margins.

7．この解答用紙はすべて機械で処理しますので、以上の１から６までが守られていないと採点されません。
The answer sheet will be processed mechanically.
Failure to observe instructions above may result in rejection from evaluation.

解答番号	解 答 欄 Answer			
	1	2	3	4
1	①	②	③	④
2	①	②	③	④
3	①	②	③	④
4	①	②	③	④
5	①	②	③	④
6	①	②	③	④
7	①	②	③	④
8	①	②	③	④
9	①	②	③	④
10	①	②	③	④
11	①	②	③	④
12	①	②	③	④
13	①	②	③	④
14	①	②	③	④
15	①	②	③	④
16	①	②	③	④
17	①	②	③	④
18	①	②	③	④
19	①	②	③	④
20	①	②	③	④

解答番号	解 答 欄 Answer			
	1	2	3	4
21	①	②	③	④
22	①	②	③	④
23	①	②	③	④
24	①	②	③	④
25	①	②	③	④
26	①	②	③	④
27	①	②	③	④
28	①	②	③	④
29	①	②	③	④
30	①	②	③	④
31	①	②	③	④
32	①	②	③	④
33	①	②	③	④
34	①	②	③	④
35	①	②	③	④
36	①	②	③	④
37	①	②	③	④
38	①	②	③	④
39	①	②	③	④
40	①	②	③	④

解答番号	解 答 欄 Answer			
	1	2	3	4
41	①	②	③	④
42	①	②	③	④
43	①	②	③	④
44	①	②	③	④
45	①	②	③	④
46	①	②	③	④
47	①	②	③	④
48	①	②	③	④
49	①	②	③	④
50	①	②	③	④
51	①	②	③	④
52	①	②	③	④
53	①	②	③	④
54	①	②	③	④
55	①	②	③	④
56	①	②	③	④
57	①	②	③	④
58	①	②	③	④
59	①	②	③	④
60	①	②	③	④

総合科目 JAPAN & THE WORLD

第 10 回模擬テスト

総 合 科 目 解 答 用 紙

JAPAN & THE WORLD ANSWER SHEET

受験番号 Emaminee Registration Number		名　前 Name	

⬆ あなたの受験票と同じかどうか確かめてください。Check that these are the same as your Examination Voucher. ⬆

注意事項 Note

1. 必ず鉛筆（HB）で記入してください。
Use a medium soft (HB or No.2) pencil.

2. この解答用紙を汚したり折ったりしてはいけません。
Do not soil or bend this sheet.

3. マークは下のよい例のように、○わく内を完全にぬりつぶしてください。

Marking Examples.

よい例 Correct	悪い例 Incorrect
●	⊗ ✓ ◎ ◐ ●

4. 訂正する場合はプラスチック消しゴムで完全に消し、消しくずを残してはいけません。
Erase any unintended marks completely and leave no rubber marks.

5. 解答番号は１から60までありますが、問題のあるところまで答えて、あとはマークしないでください。
Use only necessary rows and leave remaining rows blank.

6. 所定の欄以外には何も書いてはいけません。
Do not write anything in the margins.

7. この解答用紙はすべて機械で処理しますので、以上の１から６までが守られていないと採点されません。
The answer sheet will be processed mechanically.
Failure to observe instructions above may result in rejection from evaluation.

解答番号	解答欄 Answer			
	1	2	3	4
1	①	②	③	④
2	①	②	③	④
3	①	②	③	④
4	①	②	③	④
5	①	②	③	④
6	①	②	③	④
7	①	②	③	④
8	①	②	③	④
9	①	②	③	④
10	①	②	③	④
11	①	②	③	④
12	①	②	③	④
13	①	②	③	④
14	①	②	③	④
15	①	②	③	④
16	①	②	③	④
17	①	②	③	④
18	①	②	③	④
19	①	②	③	④
20	①	②	③	④

解答番号	解答欄 Answer			
	1	2	3	4
21	①	②	③	④
22	①	②	③	④
23	①	②	③	④
24	①	②	③	④
25	①	②	③	④
26	①	②	③	④
27	①	②	③	④
28	①	②	③	④
29	①	②	③	④
30	①	②	③	④
31	①	②	③	④
32	①	②	③	④
33	①	②	③	④
34	①	②	③	④
35	①	②	③	④
36	①	②	③	④
37	①	②	③	④
38	①	②	③	④
39	①	②	③	④
40	①	②	③	④

解答番号	解答欄 Answer			
	1	2	3	4
41	①	②	③	④
42	①	②	③	④
43	①	②	③	④
44	①	②	③	④
45	①	②	③	④
46	①	②	③	④
47	①	②	③	④
48	①	②	③	④
49	①	②	③	④
50	①	②	③	④
51	①	②	③	④
52	①	②	③	④
53	①	②	③	④
54	①	②	③	④
55	①	②	③	④
56	①	②	③	④
57	①	②	③	④
58	①	②	③	④
59	①	②	③	④
60	①	②	③	④